Per te... che sei un italiano vero!

Christina Grey

La storia di

TOTO

CUTUGNO

"La storia di Toto Cutugno"

Escrito por Christina Grey
Editor: Christian Francesco Schio

Lanzarote - 2023

Adatto sia ai fan accaniti di Toto Cutugno che a coloro che desiderano scoprire la magia della sua musica per la prima volta, "La storia di Toto Cutugno" è una lettura essenziale per chiunque apprezzi la potenza della musica e la passione dell'arte italiana.

Prefazione

In un paese dove la cultura e l'arte sono intimamente intrecciate con la storia e l'anima della nazione, pochi artisti riescono a catturare l'essenza stessa di ciò che significa essere italiani. Toto Cutugno, con la sua voce inconfondibile e le sue melodie indimenticabili, è uno di questi rari talenti che ha saputo raccontare, attraverso la musica, le storie, i desideri e le emozioni di intere generazioni.

Da Fosdinovo, un piccolo angolo di Toscana, è emerso un artista che, con la sua chitarra e le sue parole, ha attraversato confini, rompendo barriere linguistiche e culturali. Ma chi era davvero Toto Cutugno? Questo libro si propone di raccontare la storia di un uomo che, oltre ad essere un musicista di talento, era un figlio, un amico, un padre. Una storia fatta di passioni, sogni, successi e, inevitabilmente, di ostacoli e sfide.

L'Italia degli anni '50 e '60 era un luogo di cambiamento e rinascita. La nazione, ancora alle prese con le cicatrici della guerra, cercava di ritrovare la sua identità e la sua voce. In questo contesto, la musica ha giocato un ruolo fondamentale, diventando un veicolo di espressione e di speranza. E Toto, con le sue canzoni che parlavano d'amore, di sogni e di quotidiano, è diventato uno degli artisti che ha dato voce a quest'epoca di trasformazione.

La magia di Cutugno non risiede solo nelle sue melodie o nelle sue parole, ma nella sua capacità di collegarsi profondamente con il suo pubblico. Che si trattasse di una ballata d'amore o di una canzone che esplora le complessità della società italiana, Toto aveva l'innato dono di toccare il cuore delle persone, rendendo ogni sua canzone un'esperienza personale e universale al tempo stesso.

Ma, come ogni grande artista, Cutugno non è solo il risultato dei suoi successi. La sua è una storia di determinazione, di resilienza, di una passione inarrestabile per la musica e di un impegno instancabile nell'arte del racconto. Dietro ogni nota, dietro ogni parola, c'è un pezzo della sua anima, un capitolo della sua storia.

Questo libro non è solo una biografia. È un viaggio attraverso la vita di un uomo eccezionale e attraverso i momenti salienti di un'Italia in continua evoluzione. È un omaggio alla capacità dell'arte di ispirare, di unire e di elevare. È una celebrazione di Toto Cutugno: l'uomo, l'artista, la leggenda.

Con affetto e ammirazione, ci addentriamo nella vita di questo straordinario cantautore, sperando di portarvi più vicini all'uomo dietro la musica e di farvi sentire, in ogni pagina, l'eco delle sue canzoni che hanno segnato un'epoca. Benvenuti nel mondo di Toto Cutugno.

Nascita e radici familiari

Nel cuore della Toscana, tra le ondulate colline verdi e i piccoli borghi medievali, il 7 luglio 1943, in una calda giornata estiva, Fosdinovo ha accolto la nascita di un piccolo bambino che avrebbe lasciato un segno indelebile nel panorama musicale italiano: Salvatore Cutugno, destinato a essere conosciuto e amato dal grande pubblico come "Toto" Cutugno.

Fosdinovo, un gioiello toscano situato nella provincia di Massa e Carrara, è noto per le sue antiche strade acciottolate, le pietre secolari dei suoi edifici e un castello che domina l'intero paesaggio. È in questo contesto affascinante e ricco di storia che Salvatore ha trascorso i suoi primi anni, assorbendo l'essenza e il ritmo della vita toscana.

La famiglia Cutugno era una famiglia tipica di quella regione e di quell'epoca. Gente semplice, con valori profondamente radicati e un forte senso di appartenenza alla loro terra. Immaginate le grandi cene domenicali, dove parenti di tutte le età si riunivano intorno a un grande tavolo di legno per condividere storie, risate e, naturalmente, deliziosi piatti toscani. È facile immaginare un giovane Salvatore, con i suoi occhi curiosi e brillanti, che ascolta le storie degli anziani, ridendo con i cugini e assaporando la melodia delle risate e delle conversazioni.

La musica, in effetti, non era un'estranea in casa Cutugno. Sebbene non fossero musicisti di professione, è probabile che canzoni popolari e melodie tradizionali fossero spesso l'accompagnamento di quelle cene familiari, con Toto che ascoltava, cantava e, forse, immaginava un futuro in cui la sua voce sarebbe stata al centro dell'attenzione.

Ma non era solo la musica che formava il carattere di Toto. La forte etica del lavoro, l'integrità e l'importanza della famiglia erano valori che i Cutugno trasmettevano di generazione in generazione. Questi principi, instillati fin dalla tenera età, avrebbero giocato un ruolo cruciale nella formazione del carattere di Toto, nel suo approccio alla musica e nella sua interazione con il mondo.

Fin da bambino, Salvatore mostrava una vivacità e una curiosità che lo distinguevano. Era il tipo di bambino che, quando ascoltava una canzone, non si limitava a canticchiarla, ma la sentiva nel profondo, assimilando ogni nota e ogni parola. E mentre cresceva in mezzo a questo fervore familiare, tra le colline toscane e le melodie che riempivano l'aria, il piccolo Toto iniziava a sognare, a immaginare un futuro in cui la musica non sarebbe stata solo una parte della sua vita, ma la sua intera essenza.

In questo ambiente caldo e avvolgente, dove ogni pietra, ogni albero e ogni nota musicale raccontava una storia, il giovane Toto Cutugno ha posto le basi per diventare una delle icone più amate della musica italiana. E mentre le pagine del suo destino si svolgevano, il piccolo borgo di Fosdinovo poteva vantarsi di aver dato i natali a una stella destinata a brillare luminosa nel firmamento musicale.

La Toscana degli anni '40 e '50 era un luogo di contrasti e di bellezza incontaminata, un mosaico di culture, di storia e di paesaggi che avrebbe ispirato chiunque avesse avuto la fortuna di crescerci. Non c'è da stupirsi che il giovane Toto

Cutugno, con il suo spirito sensibile e artistico, sia stato così profondamente influenzato da questo ambiente.

Visualizziamo una Toscana dove le verdi colline ondulate sembravano estendersi all'infinito, intersecate da filari di cipressi che delineavano le strade polverose. Vigneti rigogliosi e campi di grano dorato si alternavano nel panorama, offrendo una vista che sembrava dipinta da un artista del Rinascimento. Il sole, con i suoi raggi dorati, illuminava le fattorie in pietra, le ville antiche e i borghi medievali che si aggrappavano tenacemente alle colline.

In quegli anni, la vita in Toscana seguiva ancora un ritmo determinato dalle stagioni. La semina in primavera, la mietitura in estate, la vendemmia in autunno: ogni periodo aveva le sue tradizioni, le sue canzoni e i suoi racconti. Le feste di paese, i mercati settimanali, le processioni religiose erano occasioni di incontro, di scambio e di festa. Si cantava, si ballava, si raccontavano storie al chiaro di luna, e Toto, con i suoi occhi sognanti, assorbiva tutto.

Ma la Toscana di quel periodo non era solo bellezza pastorale e tradizione. Gli echi della Seconda Guerra Mondiale erano ancora freschi nella memoria di molti. Le cicatrici della guerra erano visibili in alcuni luoghi, e le storie di resistenza, di eroismo e di sacrificio erano ancora raccontate con passione. Queste storie di resilienza e di coraggio avrebbero lasciato un segno indelebile nel cuore del giovane Cutugno, insegnandogli il valore della perseveranza, della speranza e della comunità.

La cultura toscana, con le sue radici profonde nella letteratura, nell'arte e nella musica, offriva un fiorire di stimoli. Grandi poeti come Dante Alighieri, Petrarca e Boccaccio avevano camminato su quella stessa terra secoli prima. Le opere d'arte del Rinascimento adornavano chiese e palazzi, e la musica - dalla lirica alle canzoni popolari - faceva da colonna sonora alla vita quotidiana.

Immaginiamo Toto che, passeggiando per le strade di Fosdinovo, ascoltava le melodie dei menestrelli di strada o delle vecchie radio che trasmettevano le canzoni del momento. La cultura musicale toscana, con le sue ballate, le sue serenate e le sue canzoni d'amore, avrebbe nutrito il suo spirito artistico, fornendo una base solida su cui avrebbe costruito la sua carriera.

La Toscana era un luogo dove ogni collina, ogni pietra, ogni nota musicale raccontava una storia. E per Toto Cutugno, cresciuto in mezzo a tanta bellezza e a tanta cultura, era impossibile non sentirsi ispirato, non sognare in grande, non voler raccontare al mondo intero le melodie e le storie che sentiva nel cuore. La Toscana, con tutto il suo fascino, era il luogo che aveva dato forma al suo spirito, e che avrebbe sempre rappresentato la sua casa, il suo rifugio, la sua musa.

Ogni grande artista ha un inizio, un momento o un luogo nel tempo in cui una fiamma si accende, una passione si sviluppa. Per Toto Cutugno, quel momento è radicato nella Toscana della sua infanzia, e si manifesta nei primi strumenti musicali che ha imparato a suonare.

Le case italiane di quegli anni erano spesso piene di musica. Era comune per le famiglie avere almeno uno strumento musicale in casa, fosse esso un vecchio pianoforte, una chitarra o un fisarmonica. Il primo contatto di Toto con la musica è avvenuto attraverso una chitarra. La chitarra, con le sue corde vibranti e la sua capacità di produrre melodie dolci o ritmi vivaci, era lo strumento perfetto per un ragazzo curioso e sensibile come lui. Non ci volle molto perché Toto imparasse a strimpellare le prime note, seguendo magari le canzoni popolari trasmesse dalla radio o quelle cantate dai familiari durante le serate conviviali.

Ma la chitarra non fu l'unico strumento che catturò il cuore del giovane Cutugno. La fisarmonica, con i suoi suoni distintivi e la sua capacità di evocare atmosfere di festa o di nostalgia, divenne un altro strumento chiave nella formazione musicale di Toto. Si può facilmente immaginare il giovane Salvatore, con le guance arrossate dallo sforzo, mentre tenta di produrre melodie dalla fisarmonica, seguendo il ritmo di qualche tarantella o valzer.

L'immersione di Toto nel mondo della musica non si fermò al semplice imparare a suonare. Ascoltava con attenzione ogni tipo di melodia, ogni testo, cercando di comprendere le emozioni e le storie dietro ogni canzone. L'orecchio affinato di Toto gli permetteva di assorbire non solo le melodie, ma anche l'essenza stessa delle canzoni. Questo amore per la musica, questo bisogno di comprendere e di esprimersi attraverso di essa, divenne ben presto una passione che avrebbe guidato la sua vita.

Era evidente per chiunque lo conoscesse che Toto aveva un talento naturale. Ma oltre al talento, aveva anche una dedizione e una determinazione che lo rendevano speciale. Passava ore a esercitarsi, a perfezionare le sue capacità, ad ascoltare e a imparare. La sua stanza diventò un rifugio musicale, con spartiti sparsi ovunque, e note musicali che riempivano l'aria in ogni momento della giornata.

I familiari e gli amici notarono presto questo amore profondo per la musica. Era comune sentirlo cantare o suonare durante le feste di famiglia, le riunioni di paese o semplicemente mentre era seduto sotto un albero, assorbito nella sua musica.

Toto Cutugno non era solo un ragazzo con un talento; era un ragazzo con una missione. Aveva scoperto la magia della musica e sapeva che voleva condividere quella magia con il mondo. Ogni nota che suonava, ogni canzone che cantava, era un passo verso la realizzazione di quel sogno. E per chi aveva la fortuna di ascoltarlo, era evidente che questo ragazzo toscano aveva qualcosa di speciale, un dono che lo avrebbe portato lontano, ben oltre le colline verdi della sua amata Toscana.

Nel tessuto della vita di ogni individuo, la famiglia occupa uno spazio di fondamentale importanza, un pilastro che dà sostegno, forma, e direzione. Per Toto Cutugno, la famiglia non era solo un riferimento affettivo, ma anche il cuore pulsante della sua evoluzione artistica. Attraverso i suoi membri, il giovane Toto apprese le prime note della melodia della vita, una sinfonia che avrebbe poi riversato nella sua musica.

La casa dei Cutugno in Toscana era un luogo dove la musica era sempre presente. Era comune, alla fine di una giornata lavorativa, riunirsi intorno al tavolo di famiglia, condividendo storie, ridendo, cantando. Questi momenti di condivisione erano molto di più di semplici riunioni familiari: erano le prime lezioni di musica di Toto. Ogni risata, ogni storia, ogni canzone cantata in coro gli insegnava qualcosa sulla natura emotiva della musica, sul modo in cui poteva connettere le persone e toccare l'anima.

Due figure familiari, in particolare, ebbero un impatto significativo sullo sviluppo artistico di Toto: un nonno materno e una zia paterna. Il nonno, con i suoi racconti del passato e le sue ballate toscane, introdusse Toto alle tradizioni musicali della regione. Queste canzoni, con le loro melodie semplici ma profonde, fecero nascere in lui un amore per la musica popolare, un genere che avrebbe influenzato profondamente il suo stile nel corso degli anni. La zia, invece, era una figura vivace e appassionata di musica classica. Con lei, Toto scoprì compositori come Verdi, Puccini e Rossini, e imparò a apprezzare la ricchezza e la complessità delle grandi opere liriche.

Ma l'importanza della famiglia non si fermava alla mera introduzione alla musica. La famiglia Cutugno, con la sua naturale tendenza a sostenere e incoraggiare i propri membri, fu il primo pubblico di Toto. Quando lui suonava la chitarra o la fisarmonica, era per la sua famiglia che lo faceva. Quando scriveva le sue prime canzoni, erano loro le prime persone a cui le faceva ascoltare. In questo ambiente amorevole e incoraggiante, Toto imparò a fidarsi del suo talento, a sperimentare, a osare. Scoprì il valore della critica costruttiva, ma anche l'importanza del supporto incondizionato.

Oltre al sostegno emotivo e artistico, la famiglia fornì anche a Toto un senso di identità. Le storie dei suoi antenati, le canzoni della sua terra, le tradizioni e i valori familiari furono i mattoni con cui costruì la sua identità artistica. La famiglia gli insegnò l'importanza della sincerità, dell'integrità e della passione, valori che avrebbe portato con sé per tutta la vita.

Concludendo, nella sinfonia della vita di Toto Cutugno, la famiglia fu la melodia principale. Fu il luogo dove nacque la sua passione, dove fu nutrita e sostenuta, e dove trovò sempre un rifugio. E mentre il mondo avrebbe conosciuto Toto come un grande artista, per la sua famiglia, sarebbe sempre rimasto quel ragazzo dalla grande passione, che trovava gioia nel condividere la sua musica con le persone che amava di più.

Gli anni della scuola sono spesso un periodo cruciale nella formazione di un individuo. Per Toto Cutugno, questi anni non furono solo un periodo di apprendimento accademico, ma anche un momento in cui la sua passione per la musica prese una forma più concreta, alimentata dall'incoraggiamento dei suoi amici e dalle prime opportunità di esibirsi.

Le aule scolastiche della Toscana negli anni '50 erano luoghi di rigore e disciplina, ma anche di vivace creatività. Toto, con i suoi capelli ribelli e il suo spirito indomito, era un ragazzo che si faceva notare. Non era solo per le sue capacità musicali, ma anche per la sua naturale capacità di connettersi con gli altri. La scuola divenne il luogo in cui formò amicizie durature, legami basati sulla condivisione di sogni, passioni e, ovviamente, musica.

Gli amici di Toto divennero i primi veri fan del suo talento. Durante le pause o dopo la scuola, era comune vedere un gruppo di ragazzi radunati attorno a lui mentre suonava la chitarra o la fisarmonica. Questi momenti informali, con i compagni di classe che cantavano insieme o battevano le mani a ritmo, furono le prime "esibizioni" di Toto. E ogni volta, la sua musica riempiva l'aria con una magia che lasciava i suoi amici estasiati.

Con il passare del tempo, la reputazione di Toto come talento musicale crebbe nella comunità scolastica. Fu invitato a esibirsi durante le assemblee scolastiche, i festival e altre occasioni speciali. Il palcoscenico della scuola divenne il suo primo vero palcoscenico, un luogo in cui poteva mostrare il suo talento a un pubblico più ampio e ricevere feedback immediati. E sebbene avesse già una naturale predisposizione per la musica, fu grazie a queste prime esibizioni che affinò la sua presenza scenica e la sua capacità di coinvolgere il pubblico.

Ma la scuola non fu solo un luogo di esibizioni; fu anche un luogo in cui Toto sognava a occhi aperti. Condividendo i suoi sogni con gli amici, immaginava un futuro in cui la sua musica avrebbe raggiunto un pubblico molto più vasto. Sognava di grandi palchi, di concerti affollati, di canzoni che avrebbero toccato il cuore delle persone in tutto il mondo. E mentre molti avrebbero potuto considerare questi sogni come semplici fantasticherie di un ragazzo, i suoi amici vedevano in lui qualcosa di speciale e credevano profondamente nel suo potenziale.

Le amicizie formate durante questi anni scolastici rimasero una parte fondamentale della vita di Toto, anche quando intraprese la sua carriera professionale. Erano legami che andavano oltre la musica; erano legami di amore, rispetto e ammirazione reciproca.

Ripensando a quei giorni, è chiaro che la scuola e gli amici hanno avuto un ruolo fondamentale nella formazione artistica di Toto Cutugno. Hanno fornito un ambiente in cui poteva sperimentare, esprimersi e crescere come artista. Ma soprattutto, gli hanno dato il coraggio di seguire i suoi sogni, di credere in se stesso e nella sua musica. E per questo, Toto sarebbe sempre stato grato.

Gli artisti dell'epoca e le influenze musicali

Gli anni '50 e '60 furono un periodo d'oro per la musica italiana. Quest'epoca, con le sue melodie accattivanti e i suoi testi profondi, avrebbe segnato un'intera generazione, compreso il giovane Toto Cutugno. Crescere in un contesto così ricco di talento e innovazione avrebbe avuto un impatto indiscutibile sul suo sviluppo artistico.

Una delle prime influenze per Toto fu, senza dubbio, Domenico Modugno. Con hit come "Volare (Nel blu dipinto di blu)", Modugno conquistò non solo l'Italia, ma il mondo intero. La sua capacità di raccontare storie attraverso la musica, combinata con un carisma irresistibile, offriva a Toto un modello di ciò che la musica pop italiana poteva raggiungere. Ogni volta che Modugno appariva in televisione o alla radio, Toto era lì, ad ascoltare attentamente, assorbendo ogni nota e ogni parola.

Ma non era solo Modugno a ispirare Cutugno. L'epoca era disseminata di icone della canzone italiana: da Luigi Tenco, con la sua voce inconfondibile e le sue ballate malinconiche, a Mina, la "tigre di Cremona", la cui potente voce e presenza scenica lasciavano il pubblico senza fiato. Ogni artista aveva qualcosa di unico da offrire, e Toto era come una spugna, assorbendo tutto ciò che poteva da questi giganti della musica.

Gli anni '60 videro l'ascesa della musica beat in Italia. Gruppi come I Ribelli e Equipe 84, influenzati dalla British Invasion e dai suoni delle band come i Beatles, portarono un nuovo sound nel panorama musicale italiano. Anche se Toto aveva un amore per la tradizione, non poteva ignorare questa nuova ondata. La freschezza e l'energia di questo nuovo genere lo ispirarono a sperimentare e a integrare nuovi ritmi e suoni nella sua musica.

Ma oltre alle icone della musica, c'erano le canzoni stesse. Melodie come "Ciao amore, ciao" di Tenco o "Se telefonando" interpretata da Mina erano più di semplici canzoni; erano poesie messe in musica. Questi brani raccontavano storie di amore, passione, gioia e dolore – temi universali che Toto avrebbe poi esplorato nei suoi stessi testi.

Era chiaro che Toto non era solo un prodotto del suo tempo; era un artista attento, che sapeva cogliere il meglio da ogni fonte di ispirazione. Non si limitava a imitare; assimilava, adattava e creava qualcosa di unico. E questa capacità di apprendere e di farsi influenzare, pur rimanendo fedele a se stesso, sarebbe stata la chiave del suo successo duraturo.

Gli anni '50 e '60 non furono solo un periodo di grande musica; furono gli anni formativi che avrebbero plasmato Toto Cutugno, l'artista. Immerso in un'epoca d'oro della canzone italiana, Cutugno trovò le sue radici, trasse ispirazione e iniziò il suo viaggio verso la grandezza. E mentre guardiamo indietro a quest'epoca, possiamo solo immaginare il giovane Toto, con la chitarra in mano, sognando il suo posto tra le stelle della musica italiana.

L'inaspettato servizio militare

Nel tessuto intricato di una vita, vi sono spesso degli episodi che, pur sembrando estranei al percorso principale, finiscono per delineare aspetti fondamentali del carattere di un individuo. Per Toto Cutugno, uno di questi episodi fu il suo servizio nell'Arma dei Carabinieri.

Era un periodo diverso, in cui il servizio militare rappresentava un passaggio quasi obbligato nella vita di ogni giovane uomo italiano. Ma mentre molti lo vedevano come un fastidioso dovere da adempiere, per Toto, questo periodo avrebbe rappresentato un momento cruciale di crescita e riflessione.

Vestire l'uniforme dei Carabinieri significava molto più che sottostare a un rigido codice di disciplina. Significava immergersi in un mondo fatto di valori, di onore, di sacrificio. Una realtà in cui la protezione del prossimo e il servizio alla nazione venivano prima di ogni altra cosa. E mentre per Toto la musica rimaneva la sua principale passione, l'esperienza con i Carabinieri gli offrì una prospettiva completamente nuova sulla vita.

Le giornate iniziate all'alba, la vita in caserma, le esercitazioni, le lunghe guardie notturne: tutto ciò potrebbe sembrare lontano dal mondo delle note e dei concerti. Eppure, in mezzo a queste routine, Toto imparò il valore della disciplina, della resilienza, e soprattutto, dell'empatia. Condividendo la vita quotidiana con i suoi commilitoni, ascoltando le loro storie, le loro speranze e le loro paure, Cutugno capì che ogni individuo ha una melodia interna, una storia da raccontare.

Questo periodo di servizio militare non solo influenzò la sua visione del mondo, ma anche la sua arte. La profondità e l'umanità che traspare in molte delle sue canzoni possono sicuramente trovare una radice in quelle esperienze vissute in divisa. Attraverso le sfide e le responsabilità del servire, Toto aveva ampliato il suo orizzonte, comprendendo che la musica, come la vita, richiede dedizione, passione e, a volte, sacrificio.

La chitarra e l'uniforme potrebbero sembrare agli antipodi, ma per Toto Cutugno, entrambe rappresentavano diversi aspetti della sua anima. Mentre l'artista si esprimeva attraverso le sue canzoni, l'uomo trovava un profondo senso di appartenenza e di dovere nel servizio militare.

Concludendo, l'inaspettato servizio militare di Toto non fu una parentesi, ma piuttosto una tappa fondamentale nel suo viaggio personale e artistico. Da quel periodo, Cutugno avrebbe portato con sé non solo melodie e parole, ma anche un set di valori e principi che avrebbero influenzato ogni aspetto della sua vita e della sua carriera. E, come sempre, la sua capacità di condividere queste esperienze con il pubblico, attraverso la sua musica, lo rendeva un artista autentico, profondo e universalmente amato.

Le luci sfumate dei club e dei bar, i rumori ovattati delle chiacchiere e delle risate, e al centro di tutto, la musica. Una giovane voce, determinata ma ancora in cerca della sua identità, emergeva tra le note. Questa era l'atmosfera in cui Toto Cutugno fece i suoi primi passi nel mondo professionale della musica.

Tutto ebbe inizio quando Toto divenne membro delle prime band di cui fece parte. Uno di questi gruppi era 'I Campioni', una band con cui Cutugno non solo affinò le sue abilità musicali ma iniziò a farsi un nome nel panorama musicale. La band suonava in vari locali, ed era in questi luoghi, spesso fumosi e pieni di aspettative, che Toto imparò l'arte della performance.

Molte sere, dopo essersi esibito, Toto trascorreva ore a discutere di musica con gli altri membri della band, riflettendo su ogni dettaglio delle loro esibizioni. Era un periodo di sperimentazione, di apprendimento, ma soprattutto di passione. Ogni nota suonata, ogni parola cantata, era carica di un'energia e di un desiderio profondo di lasciare un segno.

Nel mondo professionale della musica, Toto iniziò ad intuire l'importanza della dedizione e dell'impegno. Si rese conto che il talento, anche se essenziale, non era sufficiente da solo. Era la costante ricerca della perfezione, l'eterno desiderio di migliorarsi, che faceva la differenza.

Ma non era solo un periodo di duro lavoro. Era anche un tempo di scoperte. Ogni nuovo locale, ogni nuova città, portava con sé nuove storie e nuove ispirazioni. E Toto, con la sua innata curiosità, assorbiva tutto. Ogni incontro, ogni conversazione, diventava un potenziale spunto per una nuova canzone.

Era evidente a tutti che Toto aveva quel "qualcosa" speciale. La sua voce unica, la sua abilità nel suonare vari strumenti e, soprattutto, la sua capacità di scrivere testi che toccavano il cuore delle persone. Ma ciò che veramente lo distingueva era la sua autenticità. Sul palco, Toto non era solo un performer; era un narratore, un poeta, un amico che condivideva le sue storie con il pubblico.

Con il passare del tempo, le esibizioni di Toto e delle sue band iniziarono a guadagnarsi l'attenzione di importanti produttori musicali. Le sue canzoni cominciarono a essere trasmesse in radio, e il nome "Toto Cutugno" iniziò a diventare sinonimo di musica di qualità.

L'esordio di Toto Cutugno nel mondo della musica professionale non fu un percorso facile, ma fu un viaggio entusiasmante, pieno di sfide e di momenti indimenticabili. E attraverso ogni nota, ogni canzone, emergeva l'anima di un artista determinato a condividere la sua passione con il mondo. Un artista che, con il suo talento e la sua dedizione, avrebbe lasciato un segno indelebile nel panorama musicale italiano e internazionale.

Con l'eco delle sue canzoni che risuonava nei locali e nei bar delle città, non passò molto tempo prima che Toto Cutugno ricevesse i primi, meritati, riconoscimenti. Mentre molti artisti sognano di raggiungere la vetta, per Toto il percorso verso il successo fu costellato da piccole vittorie che consolidarono la sua presenza nel panorama musicale italiano.

Una delle sue prime esperienze indimenticabili fu la vittoria in alcuni concorsi musicali locali. Questi eventi, benché di portata limitata, rappresentavano un importante banco di prova per gli artisti emergenti. E Toto, con il suo inconfondibile stile e la sua autenticità, seppe cogliere l'attenzione di giurie e pubblico. Ogni premio vinto non era solo un trofeo da esporre, ma una conferma del suo talento e del suo duro lavoro.

Le esibizioni dal vivo diventarono un'occasione per Toto di connettersi direttamente con il suo pubblico. Ogni concerto era un'esperienza unica, un viaggio condiviso tra l'artista e i suoi ascoltatori. E le reazioni del pubblico, dai calorosi applausi alle richieste di bis, erano la prova tangibile dell'effetto che la sua musica aveva sulle persone. Era evidente che Toto non era solo un artista; era un fenomeno.

Ma, come ogni artista sa, non tutti i feedback sono positivi. Toto, tuttavia, aveva la rara capacità di trasformare le critiche in opportunità di crescita. Ascoltava attentamente i commenti dei suoi fan e dei critici, cercando di comprendere come poter migliorare e affinare il suo stile. Questa apertura al dialogo e questa umiltà furono fondamentali per il suo sviluppo artistico.

E poi c'era l'energia elettrica dei grandi palchi. Partecipare a manifestazioni di rilievo come il Festival di Sanremo era un sogno per Toto, un sogno che, con dedizione e passione, riuscì a realizzare. Il palco dell'Ariston, con le sue luci abbaglianti e la sua atmosfera magica, fu testimone dei primi, grandi trionfi di Cutugno. La sua performance, sempre autentica e coinvolgente, lo elevò al rango di stella della canzone italiana.

I primi riconoscimenti e successi di Toto Cutugno non furono frutto del caso, ma della combinazione di talento, dedizione e un incessante desiderio di connettersi con il pubblico. Ogni premio, ogni applauso, ogni nota cantata era la celebrazione di un artista che, con la sua musica, aveva il potere di toccare l'anima delle persone. E mentre le sue canzoni continuavano a risuonare, era chiaro che Toto Cutugno era destinato a diventare uno dei grandi della musica italiana.

La determinazione e la visione

Quando si parla di Toto Cutugno, una parola spicca con forza: determinazione. Ma dietro questa implacabile forza di volontà, c'era una fiamma, un desiderio ardente, che proveniva dalle profondità della sua anima. Era il desiderio di esprimersi attraverso la musica, di toccare il cuore delle persone e di lasciare un segno indelebile nel panorama musicale italiano.

Durante questi anni formativi, mentre si faceva strada tra piccoli palchi e concorsi locali, la visione di Toto era chiara come il cristallo. Non vedeva la musica solo come un mestiere o un passatempo; per lui, era una vocazione, una chiamata. Ogni nota che scriveva, ogni canzone che cantava era come un pezzo del puzzle che componeva la sua visione artistica.

Era evidente che Cutugno non era uno di quelli che si accontentava della mediocrità. Aveva sete di apprendimento, di perfezionamento. Passava ore e ore a rifinire i suoi pezzi, a studiare le tecniche dei grandi maestri e a cercare quel suono, quella melodia, quel testo che potesse fare la differenza. Era un perfezionista, ma non nel senso stretto del termine. La sua ricerca della perfezione era un viaggio verso la sincerità, l'autenticità e l'originalità.

E in quegli anni, tra le note delle sue canzoni e gli applausi del pubblico, emergeva un altro aspetto fondamentale della personalità di Toto: la capacità di sognare. Non si trattava di sogni irreali o fantasiosi. Erano visioni di un futuro in cui la sua musica avrebbe riempito teatri, stadi e, soprattutto, i cuori delle persone. E, sorprendentemente, nonostante gli ostacoli e le sfide che la vita gli presentava, Toto non perdeva mai di vista quella visione. Anzi, sembrava che ogni battuta d'arresto, ogni critica, lo rendesse solo più determinato.

Gli amici e i colleghi di allora ricordano il giovane Cutugno come qualcuno che "sapeva dove stava andando". Aveva un piano, una mappa tracciata nella sua mente e nel suo cuore. Ma, più di tutto, aveva una fiducia incrollabile in se stesso. Non nel senso di arroganza, ma una profonda convinzione che, con duro lavoro e passione, avrebbe raggiunto le stelle.

Concludendo questo capitolo, possiamo dire che la determinazione e la visione di Toto Cutugno non erano il prodotto di una mera ambizione. Erano l'espressione di un animo sensibile, appassionato e autentico, che sapeva di avere qualcosa di speciale da offrire al mondo. E mentre la storia si dipana, vedremo come questa determinazione e questa visione lo abbiano guidato attraverso le montagne russe della sua straordinaria carriera musicale.

Gli anni '70

la scalata al successo

Il Contesto Musicale degli anni '70

Gli anni '70, un decennio che ha segnato profondamente la storia della musica non solo in Italia, ma in tutto il mondo. Era un'epoca di trasformazioni, di ribellione, ma anche di profonde riflessioni culturali e artistiche. L'Italia, con le sue radici profonde nella storia della musica, non era da meno.

Le radio trasmettevano le note di artisti provenienti da ogni angolo del mondo, da grandi nomi come i Pink Floyd, David Bowie o i Queen, a artisti nazionali come Lucio Battisti, Mina e Adriano Celentano. C'era un mix di rock progressivo, pop, funk, disco e molto altro. Il mondo stava cambiando, e la musica era l'altoparlante di quel cambiamento.

Ma cosa significava tutto questo per un giovane artista come Toto Cutugno? In un ambiente così effervescente e variegato, dove ogni artista voleva fare la differenza, emergere non era affatto facile. Eppure, proprio in questo contesto, la figura di Toto ha iniziato a delinearsi, come un diamante grezzo in mezzo a tante pietre preziose.

L'Italia degli anni '70 era un crogiolo di idee e influenze. Le strade di Roma, Milano, Napoli e altre città erano piene di giovani con chitarre in mano, canzoni nei cuori e sogni nelle menti. I caffè e le piazze erano i luoghi di ritrovo dove nascevano nuove melodie, e dove venivano condivise idee rivoluzionarie. Era una fase di esplorazione, di sperimentazione, ma anche di ritorno alle radici, alla tradizione.

In questo panorama, Toto era uno tra tanti, ma con qualcosa di speciale. La sua voce, il suo stile, la sua passione erano autentici. Era un ragazzo toscano con sogni grandi quanto il cielo, e con la determinazione di raggiungerli. La sua musica, pur essendo influenzata dalle tendenze del momento, aveva un tocco personale, un sapore autentico, che rispecchiava la sua anima e le sue radici.

Era evidente che il fervore culturale degli anni '70 non solo avrebbe offerto a Toto Cutugno l'opportunità di crescere come artista, ma anche la sfida di farlo in modo autentico, di rimanere fedele a se stesso in un mondo in continuo cambiamento. Ma se c'era qualcosa che Toto aveva in abbondanza, era la determinazione. E come vedremo, questo decennio sarebbe stato fondamentale per plasmare la sua carriera e consolidare il suo posto nella storia della musica italiana.

La Nascita degli "Albatros"

La metà degli anni '70 ha visto la nascita di numerosi gruppi musicali, ognuno con il suo stile distintivo e unico. In mezzo a tutto ciò, emergeva una nuova entità chiamata "Albatros", una formazione guidata da un giovane toscano il cui talento era inconfondibile: Toto Cutugno.

La storia degli "Albatros" non è solo la storia di un gruppo musicale; è la storia di un'amicizia, di sogni condivisi e di una passione ardente per la musica. Per Toto, unirsi agli "Albatros" non era solo un'opportunità professionale, ma anche un modo per esplorare nuovi orizzonti musicali, per sperimentare e definire il suo stile in maniera ancora più marcata.

Gli "Albatros" erano un amalgama di talenti. Ogni membro aveva il suo background, le sue influenze, e ciò ha contribuito a creare un suono che, sebbene radicato nella tradizione musicale italiana, aveva sfumature e tonalità internazionali. Era una simbiosi perfetta: le melodie accattivanti di Toto si univano alle armonie e agli arrangiamenti sofisticati del gruppo, dando vita a brani che erano contemporaneamente freschi e nostalgici.

L'atmosfera all'interno del gruppo era elettrica. Le sessioni di registrazione erano momenti di pura magia, con ogni membro che contribuiva con idee, ritmi e melodie. Per Toto, era come tornare a scuola, ma con una differenza fondamentale: questa volta, era lui a guidare la classe. La sua leadership naturale e il suo innato senso musicale hanno fatto sì che gli "Albatros" diventassero rapidamente una delle band emergenti più promettenti dell'epoca.

Ma al di là della musica, ciò che rendeva gli "Albatros" così speciali era la chimica tra i membri. Toto era il cuore pulsante, ma ogni componente aveva un ruolo cruciale. Le lunghe ore trascorse in studio, le prove, i concerti, le risate, le sfide e persino i disaccordi hanno rafforzato il loro legame, trasformandoli in una vera e propria famiglia musicale.

Toto aveva finalmente trovato un ambiente in cui poteva esprimersi liberamente, sperimentando nuove sonorità e collaborando con musicisti che condividevano la sua visione. Gli "Albatros" erano il trampolino di lancio perfetto per lui, permettendogli di mettere in luce la sua versatilità come cantante e compositore.

La scena musicale italiana stava notando. Canzoni come "Volo AZ 504" e "Non voglio innamorarmi mai" sono diventate hit, e gli "Albatros" erano sulla bocca di tutti. Ma per Toto, questo non era solo un successo professionale. Era la realizzazione di un sogno, la prova tangibile che con passione, talento e determinazione, tutto è possibile.

E così, mentre gli anni '70 avanzavano, Toto Cutugno e gli "Albatros" continuarono a scrivere la loro storia, cementando il loro posto nell'olimpo della musica italiana e preparando il terreno per la successiva fase brillante nella carriera di Toto come solista. Ma questa, come si suol dire, è un'altra storia.

Nel vasto e vibrante panorama musicale italiano degli anni '70, emergere richiedeva qualcosa di speciale. E gli "Albatros", sotto la direzione ispirata di Toto Cutugno, avevano proprio quello. Il loro suono distintivo non era solo il risultato di abili mani e voci talentuose, ma della fusione di diverse influenze, sperimentazioni e, soprattutto, della visione di Toto.

Le radici musicali di Toto erano profondamente intrecciate con la tradizione canora italiana, ma ciò non gli impediva di esplorare nuovi territori. Con gli "Albatros", Toto ha abbracciato un'approfondita esplorazione sonora, portando nel gruppo influenze esterne, dall'easy listening al pop-rock, senza mai perdere l'essenza melodica che caratterizza la canzone italiana.

Ma ciò che veramente faceva risaltare gli "Albatros" era l'equilibrio. Le melodie accattivanti erano impreziosite da testi che raccontavano storie, evocavano emozioni e spesso riflettevano le tematiche sociali e personali del tempo. Toto aveva una capacità innata di trasformare le parole in quadri sonori, e ogni canzone diventava una piccola finestra sul mondo, o un viaggio nell'anima.

L'arrangiamento delle canzoni era un altro elemento chiave. Gli strumenti erano scelti e utilizzati in modo da amplificare l'emozione di ogni brano. Non era raro ascoltare un pezzo degli "Albatros" e sentirsi trasportati da un delicato pianoforte, seguito da una chitarra elettrica pungente o da percussioni morbide che aggiungevano ritmo e profondità.

La voce di Toto, con la sua timbrica unica, divenne la firma degli "Albatros". Capace di passare da toni dolci e malinconici a momenti di pura potenza, la sua voce era l'ancora che legava ogni elemento, dando coerenza e fluidità all'intero progetto. E, naturalmente, aveva quel tocco inimitabile di sincerità; quando Toto cantava, era impossibile non sentire ogni parola, ogni emozione.

Eppure, nonostante la brillantezza tecnica e l'innovazione, gli "Albatros" non si sono mai allontanati troppo dalla tradizione. Nel cuore, le loro canzoni erano profondamente italiane, radicate in una tradizione che vede la musica non solo come intrattenimento, ma come espressione dell'anima.

Nel contesto degli anni '70, un periodo di grande cambiamento e sperimentazione, gli "Albatros" hanno offerto una proposta musicale fresca ma familiare. Sotto la guida di Toto, sono riusciti a catturare l'essenza di un'epoca, mescolando l'antico e il nuovo, il classico e il contemporaneo.

Questo equilibrio tra innovazione e tradizione, tra melodia e messaggio, ha reso gli "Albatros" una delle formazioni più interessanti del decennio. Con Toto al timone, hanno navigato con successo nel vasto oceano della musica italiana, lasciando un'impronta indelebile e influenzando generazioni di artisti a venire.

Con gli "Albatros", Toto Cutugno aveva conquistato un posto di rilievo nel panorama musicale italiano. La band aveva creato un impatto, una risonanza, ma come accade spesso nella vita di un artista, il desiderio di esprimersi in modo autonomo e personale ha iniziato a far breccia nel cuore di Toto.

Non è raro per gli artisti sentire il bisogno di un cambiamento, specialmente quando si trovano al culmine del successo con un gruppo. Molti potrebbero aver scelto di rimanere nella comfort zone, continuando a cavalcare l'onda del successo collettivo. Ma Toto, con la sua inesauribile passione e creatività, aveva qualcosa di diverso in mente.

L'idea di intraprendere una carriera da solista non è nata dall'oggi al domani. Era il frutto di riflessioni profonde, di notti insonni e di giornate trascorse a scrivere e a comporre, cercando di definire il proprio io musicale al di fuori degli

"Albatros". Era una scelta coraggiosa, sì, ma Toto aveva sempre dimostrato di avere quel tipo di coraggio.

Il passaggio alla carriera da solista non significava semplicemente uscire da un gruppo e iniziare a esibirsi da solo. Era un viaggio interiore, una riscoperta di se stesso. Era il tentativo di Toto di plasmare la sua identità musicale, di esprimere in modo puro e non filtrato le emozioni, le storie e le esperienze che aveva accumulato nel corso degli anni.

La sua musica da solista si distingueva per una maggiore profondità emotiva. C'era una sincerità palpabile in ogni nota e in ogni parola. Era come se Toto stesse aprendo il suo cuore al mondo, condividendo le sue gioie, le sue paure, le sue aspirazioni. Ogni canzone era un pezzo del puzzle che componeva la sua anima.

Il pubblico ha risposto con entusiasmo a questa nuova avventura musicale di Toto. Molti erano già suoi fan grazie al lavoro con gli "Albatros", ma ora potevano connettersi con lui a un livello ancora più profondo. La sua carriera da solista gli ha permesso di esplorare nuovi territori musicali, spingendosi oltre le frontiere tradizionali del genere e sperimentando con nuovi suoni e ritmi.

Tuttavia, l'essenza di Toto rimaneva immutata. La sua voce, con la sua calda timbrica, continuava a essere il suo marchio di fabbrica, e la sua capacità di raccontare storie attraverso la musica era più forte che mai.

L'audace decisione di Toto di intraprendere una carriera da solista era il risultato della sua incessante voglia di crescere, di esplorare e di sperimentare. Era la testimonianza del suo amore per la musica e del suo impegno a dar voce alle sue emozioni più profonde. E, come avrebbe dimostrato il tempo, era una decisione che avrebbe portato a nuovi e straordinari successi nella sua illustre carriera.

Le Prime Hit

Mentre Toto Cutugno si immergeva sempre di più nel mondo della musica come solista, il suo talento innato e la sua dedizione alla sua arte stavano iniziando a dar frutto. L'ambiente musicale italiano, all'epoca, era un caleidoscopio di suoni, stili e voci, ma c'era qualcosa di distintivo nella voce di Toto che lo faceva emergere tra la folla.

Arrivò il momento in cui l'Italia, e non solo, avrebbe conosciuto e amato la voce di Toto attraverso una delle sue canzoni più iconiche: "L'Italiano". Questo brano, che avrebbe definito non solo la sua carriera ma anche un'intera era della musica italiana, risuonava con una passione infuocata e un'essenza che parlava direttamente all'anima della nazione. La melodia accattivante, le parole potenti e la sua interpretazione carica di sentimento hanno fatto di "L'Italiano" un inno non ufficiale per molti italiani nel mondo.

La canzone, con la sua accattivante melodia e il ritornello contagioso, era una celebrazione dell'identità italiana. Toto ha catturato l'essenza di ciò che significa essere italiani, con tutti i suoi colori, passioni, gioie e sfide. Era una canzone che faceva cantare a squarciagola non solo gli italiani, ma anche chiunque avesse sentito e compreso il suo messaggio universale.

E mentre "L'Italiano" dominava le classifiche e le radio, era chiaro che Toto non era una meteora. La sua voce aveva la capacità di toccare le persone a un livello profondo, di farle riflettere, sorridere, piangere e, soprattutto, cantare. La sua musica divenne una presenza costante nelle case, nelle macchine e nelle feste di tutta Italia.

Ma non fu solo "L'Italiano" a segnare questo periodo dorato. Altre canzoni hanno seguito, consolidando la sua posizione come uno dei pilastri della musica italiana. Ogni nuovo brano era un'esplorazione, un viaggio, e i fan aspettavano con ansia di vedere dove Toto li avrebbe portati successivamente.

L'impatto delle sue canzoni andava oltre la pura gioia musicale. Toto aveva un dono per toccare temi sociali, culturali e personali con grazia e sensibilità. La sua musica diventò un veicolo per le storie, le aspirazioni e i sogni della gente comune.

In questo periodo di crescente successo, Toto rimase umile. La fama non cambiò il suo desiderio genuino di connettersi con il suo pubblico e di raccontare storie attraverso la sua musica. Era sempre grato per il calore e l'affetto che riceveva dai suoi fan, e ogni canzone, ogni performance, era il suo modo di ringraziarli.

In sintesi, gli anni '70 furono testimoni della nascita di un'icona. Toto Cutugno, con le sue prime hit, ha lasciato un segno indelebile nel cuore della musica italiana, dimostrando che con talento, passione e dedizione, si può davvero toccare il cielo.

Il Riconoscimento Nazionale

Gli anni '70, con le sue turbolenze, le sue innovazioni e la sua effervescenza culturale, videro emergere dal panorama musicale italiano un artista il cui talento era destinato a risonare oltre i confini della sua terra natale. Toto Cutugno, con la sua distintiva voce calda e la sua abilità nella scrittura, divenne ben presto una figura centrale nel cuore e nella mente degli italiani.

Il riconoscimento nazionale non arrivò per caso. Dietro ogni canzone di Toto c'era una dedizione, una ricerca, un impegno. La sua abilità di scrivere testi che parlavano direttamente al cuore delle persone era ineguagliabile. Ogni parola, ogni nota, ogni ritmo era pensato per toccare l'anima, e ci riusciva ogni volta.

I critici musicali, spesso noti per la loro natura esigente e selettiva, non potevano fare a meno di notare la freschezza e l'autenticità del suo stile. Recensioni e articoli elogiavano la sua capacità di mescolare melodie orecchiabili con testi profondi e significativi. Il suo approccio alla musica era una combinazione di tradizione e innovazione, di popolarità e profondità. Ma, cosa ancora più importante, Toto aveva quel raro dono di saper raccontare storie con la sua musica, storie in cui ogni italiano poteva riconoscersi.

Il pubblico, dal canto suo, accolse Toto con un affetto travolgente. Canzoni come "L'Italiano" diventarono rapidamente inni generazionali, cantati a squarciagola in ogni angolo d'Italia. Concerti sold-out, apparizioni televisive e interviste radiofoniche: Toto era ovunque, e l'Italia non poteva avere abbastanza di lui. Ma non era solo la musica che attirava le persone; era anche la sua personalità. La sua umiltà, il suo calore genuino e il suo amore per la musica erano palpabili in ogni sua apparizione.

E mentre il riconoscimento cresceva, Toto rimase fedele a se stesso. Non cercò mai di seguire le tendenze o di adattarsi a ciò che era "di moda". Invece, seguì il suo cuore e la sua passione, creando musica che era autentica e vera.

Gli anni '70 furono cruciali nella carriera di Toto Cutugno. Il decennio vide la sua ascesa da promettente talento musicale a una delle figure più amate e rispettate della musica italiana. E mentre gli anni passavano e le mode musicali cambiavano, una cosa rimase costante: l'ammirazione e l'affetto del popolo italiano per Toto Cutugno.

In questo periodo d'oro, Toto non era solo un musicista; era diventato un simbolo, un punto di riferimento, un vero e proprio tesoro nazionale. E tutto ciò era il risultato di anni di duro lavoro, di dedizione, e di una passione ardente per la musica che bruciava incessantemente nel suo cuore. E l'Italia, riconoscente, lo ha accolto a braccia aperte, celebrando ogni sua canzone, ogni sua nota, ogni sua parola.

Il Festival di Sanremo è, senza dubbio, l'evento musicale più importante e prestigioso d'Italia. Sin dalla sua creazione negli anni '50, ha visto passare sul suo palco le più grandi star della musica italiana, diventando una sorta di termometro per la popolarità e il successo di un artista nel Paese. E Toto Cutugno, con il suo inconfondibile talento, non fece eccezione.

Mentre la sua fama cresceva e le sue canzoni iniziavano a dominare le classifiche, la presenza di Toto a Sanremo divenne un appuntamento fisso. Ma non era solo la sua partecipazione che attirava l'attenzione; era il modo in cui si esibiva. Sul palco, Toto non era semplicemente un cantante: era un artista completo, capace di catturare l'attenzione del pubblico con la sua presenza scenica, la sua voce e le sue interpretazioni cariche di emozione.

Il suo debutto a Sanremo fu una sorta di consacrazione. Il vasto pubblico del festival ebbe la possibilità di vedere dal vivo quello che già sapeva grazie alle trasmissioni radiofoniche e televisive: Toto Cutugno era un talento straordinario. E con ogni sua successiva apparizione, rafforzò la sua posizione nel cuore degli italiani.

Le sue esibizioni a Sanremo erano attese con trepidazione. C'era sempre una sorta di magia nell'aria quando Toto saliva sul palco. Forse era la sua autenticità, la sua capacità di condividere storie universali attraverso le sue canzoni, o forse era semplicemente il suo indiscutibile carisma. Qualunque fosse il motivo, era evidente che Toto aveva quel "qualcosa" che lo rendeva speciale.

Ma Sanremo non fu l'unico palcoscenico importante su cui Toto si esibì durante quegli anni. Partecipò a numerosi altri eventi e festival, sia in Italia che all'estero, consolidando la sua reputazione come uno dei più grandi artisti della sua generazione. E ovunque andasse, portava con sé quell'aura di autenticità e passione che aveva conquistato il cuore degli italiani.

Era evidente che Toto non era solo un artista di talento, ma anche una persona profondamente connessa con il suo pubblico. Non cantava solo per se stesso, ma per ogni persona che lo ascoltava. E questo legame speciale tra lui e il suo pubblico era palpabile in ogni nota, in ogni parola, in ogni gesto sul palco.

In un'epoca in cui la musica italiana stava vivendo un periodo d'oro, con numerosi artisti di talento che emergevano e si affermavano, Toto Cutugno riuscì a distinguersi e a lasciare un'impronta indelebile. La sua presenza sui palchi più importanti dell'Italia e del mondo fu una testimonianza del suo impegno, della sua passione e del suo incommensurabile talento. E mentre gli anni passavano, una cosa divenne chiara: Toto Cutugno era destinato a diventare una leggenda della musica italiana.

Nel vasto panorama musicale, poche cose sono emozionanti quanto due talenti che uniscono le forze per creare qualcosa di magico. E nel caso di Toto Cutugno, le sue collaborazioni e duetti sono diventati momenti salienti nella sua carriera, testimonianza della sua apertura artistica e della sua capacità di fondersi armoniosamente con altri artisti.

Anche se Toto era già un nome di risonanza nella scena musicale italiana, la sua umiltà e il desiderio di esplorare nuove direzioni lo hanno spinto a cercare collaborazioni. Era come se, nonostante tutto il successo, avesse ancora una sete insaziabile di innovazione e di nuove esperienze musicali. E questo spirito di collaborazione non solo ha portato alla luce alcune delle canzoni più memorabili del suo repertorio, ma ha anche arricchito il tessuto della musica italiana.

Uno dei duetti più noti e amati è certamente quello con la cantante Mina. La loro unione in studio di registrazione ha prodotto magia pura, e il contrasto tra le loro voci ha dato vita a un'armonia unica e indimenticabile. Queste collaborazioni non erano solo un incontro di voci, ma anche di personalità e di visioni artistiche.

Ma non è stato solo con Mina che Toto ha tessuto legami musicali. La lista delle sue collaborazioni legge come un "chi è chi" della musica italiana: da Adriano Celentano a Domenico Modugno e molti altri. Ogni collaborazione era un'opportunità per Toto di sperimentare, di giocare con nuovi stili e di imparare dai suoi colleghi.

Questi duetti e collaborazioni erano anche una testimonianza della stima e del rispetto che gli altri artisti avevano per Toto. Non era raro vederlo chiamato da altri grandi della musica per collaborare, un segno inequivocabile della sua reputazione nel mondo musicale.

E, in ogni collaborazione, c'era un elemento comune: l'autenticità. Toto non si limitava mai a cantare; viveva ogni canzone, ogni nota. E questo impegno emotivo era palpabile, sia che stesse cantando una ballata d'amore con Mina, sia che stesse esplorando nuovi ritmi con Celentano.

Ma forse ciò che rendeva davvero speciali queste collaborazioni era il fatto che Toto era in grado di mantenere la sua identità unica anche mentre si fondeva con altri artisti. Non importava con chi cantasse, la sua voce, il suo stile e la sua anima brillavano sempre.

Nella sua carriera, Toto Cutugno ha dimostrato che la vera grandezza artistica non si misura solo in premi o in vendite di dischi, ma anche nella capacità di collaborare, di ascoltare e di crescere con altri artisti. Le sue numerose collaborazioni e duetti sono un monumento alla sua apertura, al suo talento e alla sua immensa passione per la musica. E per gli appassionati di musica in tutto il mondo, sono anche un tesoro inestimabile di momenti indimenticabili.

Nell'universo della musica, ci sono artisti che riescono a catturare l'essenza del loro tempo, diventando voci emblematiche della loro generazione. Toto Cutugno, con la sua abilità di scrivere canzoni che risuonavano profondamente con il cuore e l'anima degli italiani, ha raggiunto proprio questo status. Oltre ai numerosi premi e riconoscimenti, il vero impatto di Toto può essere misurato nell'influenza culturale che ha esercitato sul suo pubblico e sulla società italiana nel suo complesso.

Gli anni '70 e '80 in Italia furono un periodo di grandi cambiamenti sociali e culturali. C'era un'aria di rinnovamento, ma anche di nostalgia, una tensione tra il passato e il futuro. E proprio in questo contesto, le canzoni di Toto emergevano come colonne sonore di queste dinamiche.

Brani come "L'Italiano", con il suo ritmo coinvolgente e le sue parole evocative, non solo hanno conquistato le classifiche, ma sono diventati inni non ufficiali dell'identità italiana. In un periodo in cui l'Italia stava cercando di definire se stessa in un mondo in rapida evoluzione, le canzoni di Toto offrivano un senso di appartenenza e di orgoglio. Era come se, attraverso le sue parole e la sua musica, Toto avesse catturato l'essenza dell'anima italiana.

Ma il suo impatto non si è fermato solo alla definizione dell'identità nazionale. Le sue canzoni toccavano temi universali di amore, perdita, speranza e nostalgia.

Attraverso le sue melodie e i suoi testi, Toto è riuscito a toccare le vite quotidiane delle persone, offrendo consolazione nei momenti difficili e gioia nei momenti felici.

Per molti italiani, le canzoni di Toto non erano solo pezzi musicali, ma riflessioni profonde sulla vita, sull'amore e sulla condizione umana. La sua abilità di parlare direttamente al cuore delle persone gli ha garantito un posto speciale nelle loro vite.

Inoltre, la presenza costante di Toto nei maggiori festival e palcoscenici del paese ha rafforzato la sua posizione come una figura culturale di primo piano. Quando si pensa al Sanremo Music Festival degli anni '80, è quasi impossibile non associarlo all'immagine e alla voce di Toto Cutugno.

Ma forse ciò che rende davvero straordinario l'impatto culturale di Toto è la sua longevità. Anche decenni dopo la sua ascesa alla fama, le sue canzoni continuano a risuonare con nuove generazioni di ascoltatori, una testimonianza del suo talento senza tempo.

Mentre molti artisti possono vantare successi commerciali, pochi possono affermare di aver influenzato profondamente la cultura di un'intera nazione. Toto Cutugno, con la sua musica, il suo talento e la sua passione, ha fatto esattamente questo, lasciando un segno indelebile sulla musica italiana e sul cuore dei suoi fan. La sua eredità non si misura solo in vendite di dischi o premi, ma nell'immateriale, ma potente, impronta che ha lasciato sulla cultura italiana.

Una Stella in Ascesa

Mentre l'Italia salutava la fine degli anni '70, un decennio contraddistinto da trasformazioni culturali, politiche e sociali, una voce melodica risuonava potente attraverso le radio di tutto il Paese. Era la voce di Toto Cutugno, un artista che, in breve tempo, aveva saputo scalare le vette del panorama musicale italiano, conquistando cuori e menti con le sue melodie inconfondibili e le sue liriche penetranti.

Il viaggio di Toto nel mondo della musica non era stato senza ostacoli. Dall'essere un membro fondamentale degli "Albatros" al suo trionfo come solista, Toto aveva dimostrato una resilienza e una determinazione rare, forgiando il suo cammino con passione e dedizione. Ogni canzone, ogni nota, ogni accordo rifletteva non solo il suo talento innato, ma anche il suo impegno incessante nell'arte della musica.

La sua capacità di mescolare generi, di giocare con le parole e di toccare temi universali aveva fatto di lui un fenomeno. Canzoni come "L'Italiano" avevano trovato un posto speciale nel tessuto culturale italiano, diventando molto più di semplici successi radiofonici. Erano diventate l'eco di un'intera generazione, il ritratto sonoro di un'epoca.

Ma ciò che veramente distingueva Toto dai suoi contemporanei era la genuinità con cui approcciava la sua arte. Si poteva percepire la sincerità in ogni parola che cantava, la passione in ogni nota che suonava. Questo, combinato con la sua naturale affabilità e il suo carisma, lo aveva trasformato in un artista amato non solo per il suo indiscutibile talento, ma anche per la sua autenticità.

I critici musicali, sempre pronti ad analizzare e categorizzare, avevano riconosciuto in Toto una forza inarrestabile, una stella luminosa nel firmamento musicale italiano. Molti avevano predetto il suo successo, ma pochi avrebbero potuto immaginare l'ampiezza e la profondità dell'impatto che avrebbe avuto. Le sue performance, cariche di emozione, erano diventate appuntamenti immancabili, occasioni per gli italiani di tutti i ceti sociali di riunirsi e celebrare la magia della musica.

E mentre gli anni '70 volgevano al termine, una cosa era certa: Toto Cutugno non era un artista passeggero, destinato a scomparire nel dimenticatoio della storia musicale. Aveva, con grinta e talento, cementato il suo posto tra le leggende della musica italiana. E mentre il Paese si preparava a entrare in un nuovo decennio, gli appassionati di musica di tutte le età attendevano con impazienza di vedere dove questo straordinario artista li avrebbe portati.

Chiudendo questo capitolo, è impossibile non sentirsi colpiti dalla traiettoria di Toto Cutugno. Un uomo che, con determinazione, talento e un cuore pieno di passione, aveva trasformato i sogni in realtà, diventando una fonte di ispirazione non solo per i futuri musicisti, ma per chiunque aspirasse a seguire le proprie passioni. La sua stella, brillante e luminosa, era destinata a risplendere per molti anni a venire.

Sanremo e l'affermazione nel
panorama musicale italiano

Il Debutto a Sanremo

Il Teatro Ariston di Sanremo ha visto passare sul suo palco innumerevoli talenti, ma l'arrivo di Toto Cutugno nell'arena della musica italiana ha segnato un momento particolarmente significativo. Sanremo, con la sua storia e il suo prestigio, rappresenta una piattaforma dove gli artisti possono sia farsi un nome sia consolidare la loro reputazione. E per Toto, questo era solo l'inizio di una straordinaria avventura musicale.

Era un'aria carica di attesa quella serata, con il pubblico che riempiva ogni angolo del teatro, aspettandosi di essere intrattenuto, commosso e sorpreso. E quando le luci si abbassarono e Toto fece il suo ingresso, un'ondata di curiosità pervase la sala. Chi era questo nuovo artista, e cosa aveva da offrire al pubblico italiano, così appassionato e selettivo?

Con un carisma palpabile e una voce inconfondibile, Toto Cutugno salì sul palco del Teatro Ariston con una confidenza che suggeriva un'esperienza ben oltre i suoi anni. Nonostante fosse la sua prima apparizione a Sanremo, emanava l'aura di un veterano, qualcuno che sapeva esattamente cosa stava facendo e dove voleva andare.

La critica, sempre pronta ad analizzare e giudicare, rimase colpita dal suo talento innato e dalla sua capacità di connettersi con il pubblico. Mentre la sua voce risuonava nel teatro, era evidente che Toto non era un semplice esordiente, ma un artista che aveva qualcosa di speciale da condividere.

Il suo debutto a Sanremo non fu solo una performance; fu una dichiarazione d'intenti. Toto Cutugno non era lì solo per cantare; era lì per raccontare una storia, per condividere le sue passioni, le sue speranze e i suoi sogni. E il pubblico, avvolto dalla sua musica, sentiva ogni emozione, ogni nota, e ogni parola.

Mentre il sipario si chiudeva sulla sua esibizione, una cosa era chiara: Toto Cutugno aveva lasciato il segno. E mentre gli applausi echeggiavano nel Teatro Ariston, iniziava una nuova era per questo talentuoso artista, destinato a diventare uno dei pilastri della musica italiana.

L'Evocativa "L'Italiano":

Nel vasto panorama musicale italiano, ogni tanto emerge un brano che va oltre la mera bellezza melodica, affondando le sue radici nell'anima collettiva di una nazione. "L'Italiano", lanciato da Toto Cutugno nel 1983, è senza dubbio uno di questi. Questa canzone non è soltanto una delle gemme scintillanti nel diadema della carriera di Cutugno; è un pezzo di storia italiana, una riflessione sull'identità nazionale, e per molti, un inno non ufficiale che risuona nei cuori di generazioni di italiani.

Da un punto di vista puramente musicale, "L'Italiano" si distingue per la sua melodia accattivante e il ritmo coinvolgente, caratteristiche che l'hanno resa una canzone di successo internazionale. Ma al di là della melodia, ciò che veramente ha reso questa canzone iconica sono le sue parole: un vibrante omaggio all'italianità, con tutte le sue bellezze, le sue contraddizioni e le sue passioni.

Cutugno, con la sua abilità di cantautore, ha catturato magistralmente l'essenza dell'Italiano medio: l'amore per la vita, la famiglia, l'arte, il cibo, la storia e, naturalmente, l'amore stesso. "Lasciatemi cantare, con la chitarra in mano, lasciatemi cantare, sono un italiano" - con queste parole, Toto non solo esprime il desiderio di un individuo di esprimersi, ma evoca anche l'orgoglio e la passione di una nazione intera.

Il testo, infatti, è una celebrazione della vita quotidiana italiana, dai piccoli piaceri come il caffè e il giornale del mattino alle grandi tradizioni come l'amore per l'opera e la letteratura. È un ritratto affettuoso e sincero degli italiani e del loro stile di vita, e non sorprende che tanti si siano riconosciuti in esso.

Ma "L'Italiano" non è solo un ritratto; è anche una dichiarazione. Una dichiarazione di appartenenza, di orgoglio e di amore per una terra e una cultura che, nonostante i suoi difetti e le sue sfide, rimane unica e inimitabile. E Toto Cutugno, con la sua voce calda e il suo carisma, è diventato l'ambasciatore perfetto di questo sentimento.

Quando ascoltiamo "L'Italiano", non sentiamo solo una canzone; sentiamo un'epoca, un popolo, una storia. Sentiamo l'eco delle strade affollate di Roma, il profumo delle vigne toscane, il rumore del mare che si infrange sulle coste siciliane. E, più di tutto, sentiamo l'orgoglio di essere italiani.

"L'Italiano" non è solo un capolavoro musicale; è un tributo all'identità italiana, un pezzo di patrimonio culturale che continuerà a vivere nelle menti e nei cuori delle persone per generazioni a venire. E Toto Cutugno, con la sua passione e il suo talento, ha regalato al mondo non solo una canzone, ma un vero e proprio inno all'italianità.

Il Festival di Sanremo, con il suo fascino e la sua storia, ha sempre rappresentato una vetrina d'eccezione per la musica italiana. E, nell'arco della sua carriera, Toto Cutugno ha saputo sfruttare questa piattaforma non solo per mostrare il proprio talento individuale, ma anche per collaborare con altri artisti, tessendo insieme stili e influenze diverse in una sinfonia armoniosa che ha sempre colpito nel segno.

La presenza di Toto a Sanremo non si è mai limitata al ruolo di cantante solista. L'uomo, noto per la sua curiosità artistica e per la sua indole collaborativa, ha intrapreso avventure musicali con vari artisti, consolidando la sua reputazione come uno dei pilastri del panorama musicale italiano.

Una delle sue collaborazioni più memorabili a Sanremo è stata con la cantante Gigliola Cinquetti nel 1984, con la canzone "Solo noi". Il duetto ha unito due voci iconiche della musica italiana, creando un'atmosfera magica e coinvolgente. La complementarietà delle loro voci e la loro chimica sul palco hanno dimostrato quanto Toto fosse abile nel creare armonie non solo con le note, ma anche con gli artisti con cui condivideva la scena.

Ma l'elenco delle collaborazioni sanremesi di Toto non si ferma qui. Nel corso degli anni, ha lavorato con una varietà di artisti, ognuno dei quali ha portato qualcosa di unico al tavolo, arricchendo la performance complessiva. Questo spirito collaborativo ha mostrato al pubblico una dimensione di Toto spesso nascosta dietro il suo successo solista: quella di un artista aperto, capace di adattarsi e di farsi ispirare da voci e stili diversi.

Queste collaborazioni non sono state solo opportunità per Toto di mostrare la sua versatilità; sono state anche testimonianza della sua umiltà. Nonostante il suo status di stella affermata, Toto non ha mai esitato a condividere il palcoscenico, mostrando rispetto e ammirazione per i suoi colleghi.

L'apertura di Cutugno verso nuove esperienze musicali e la sua capacità di collaborare con altri artisti hanno ampliato i suoi orizzonti artistici, offrendogli l'opportunità di esplorare nuove sfumature e profondità nel suo approccio musicale. Queste collaborazioni hanno, inoltre, permesso al pubblico di vedere l'artista sotto una luce diversa, rafforzando il legame affettivo e l'ammirazione verso di lui.

Le collaborazioni sanremesi di Toto Cutugno non sono state solo momenti di grande musica, ma anche testimonianze del suo spirito generoso, della sua dedizione alla musica e del suo desiderio costante di crescere e imparare. E, in ogni performance, in ogni nota cantata insieme a un altro artista, Toto ha sempre mostrato la sua anima, conquistando il cuore del pubblico ogni singola volta.

L'Arte della Scrittura:

Se il Festival di Sanremo è il palcoscenico per eccellenza dove gli artisti mostrano il meglio di sé, i testi delle canzoni presentate sono le vere protagoniste, le gemme preziose che, brillando sotto i riflettori, raggiungono il cuore di chi ascolta. E Toto Cutugno ha sempre compreso l'importanza di queste gemme. Diversamente da molti artisti contemporanei, che preferiscono affidare la stesura dei propri brani a penne esterne, Toto ha sempre fatto della scrittura uno dei pilastri della sua carriera.

La sua passione per la scrittura è chiaramente radicata nel suo desiderio di comunicare autenticamente con il suo pubblico. I testi di Toto non sono mai stati prodotti di maniera, formulati per seguire una moda o una tendenza del momento. Sono, invece, estensioni del suo cuore e della sua anima, riflessioni profonde sulla vita, sull'amore, sulla società e sull'identità italiana.

La sua partecipazione a Sanremo ne è la chiara testimonianza. Anno dopo anno, le sue canzoni si sono distinte non solo per la qualità musicale ma, soprattutto, per la profondità e l'intensità dei testi. "L'Italiano", per citare uno dei suoi brani più celebri, non è solo un pezzo orecchiabile; è un vero e proprio inno alla cultura e alle tradizioni italiane, un ritratto affettuoso e nostalgico di un popolo e delle sue radici.

Ma la scrittura, per Toto, non è stata solo un mezzo di espressione artistica; è stata anche un modo per navigare attraverso le sfide e le gioie della vita. Nei suoi testi, possiamo trovare echi delle sue esperienze personali, dei suoi trionfi e delle sue battaglie, rendendo ogni brano un pezzo unico e irripetibile.

E proprio a Sanremo, questo tempio della musica italiana, Toto ha mostrato il suo straordinario talento come cantautore. Ogni volta che saliva sul palco, non portava con sé solo una melodia; portava una storia, una riflessione, un pezzo di sé. E il pubblico lo sapeva. Si sentiva la sincerità dietro ogni parola, il peso di ogni frase. Era come se, attraverso le sue canzoni, Toto aprisse una finestra sul suo mondo, invitando tutti a guardare dentro.

L'ammirazione e l'affetto del pubblico verso Toto non sono solo il risultato della sua voce inconfondibile o della sua presenza magnetica sul palco; sono il frutto di anni di dedizione all'arte della scrittura, di ore passate a rifinire un testo, a cercare la parola giusta, a dar voce alle emozioni più profonde.

La carriera di Toto Cutugno a Sanremo, e nella musica italiana in generale, è la prova vivente dell'importanza dell'autenticità nell'arte. E attraverso i suoi testi, ha dimostrato che la vera magia della musica risiede nella capacità di raccontare storie che toccano il cuore, che risvegliano emozioni e che, soprattutto, restano impresse nel tempo. E questo, senza dubbio, è uno dei segreti del suo ineguagliabile successo.

Se il Festival di Sanremo rappresenta la vetta dell'Olimpo musicale italiano, Toto Cutugno vi ha certamente scalato diverse cime, rivelandosi come uno degli artisti più influenti e amati del Paese. Ogni sua apparizione sul palco del Teatro Ariston ha generato aspettative e curiosità, frutto di una carriera costruita su talento genuino e una passione incrollabile per la musica.

Nel corso degli anni, Cutugno ha presentato diverse canzoni a Sanremo, ma alcune di esse hanno segnato la storia del Festival e, in particolare, la sua carriera. Nel 1980, ad esempio, si aggiudicò la vittoria con "Solo noi", un brano che racconta di un amore puro e genuino. La canzone, con le sue melodie accattivanti e le parole toccanti, ha risonato profondamente con il pubblico italiano, diventando rapidamente un classico intramontabile della musica italiana.

Ma la consacrazione assoluta arrivò nel 1990, quando con "Insieme: 1992", Cutugno non solo vinse il Festival di Sanremo, ma riuscì anche a catturare l'attenzione dell'Europa intera, partecipando all'Eurovision Song Contest. La canzone, che parla di unità e speranza, è diventata un inno per l'Europa in un momento storico cruciale, anticipando di due anni la realizzazione dell'Unione Europea. Era la perfetta fusione tra melodia coinvolgente e testo significativo, qualcosa che solo artisti del calibro di Toto potrebbero produrre.

Ogni volta che Cutugno saliva sul palco di Sanremo, non era solo un'occasione per presentare una nuova canzone; era un'opportunità per riconnettersi con il suo amato pubblico, per condividere con loro i suoi sentimenti, le sue emozioni, le sue riflessioni sulla vita e sull'amore. E il pubblico, a sua volta, ha sempre risposto con affetto e ammirazione, riconoscendo in lui non solo un grande artista, ma anche un uomo genuino, capace di parlare al cuore.

Oltre alle vittorie, Cutugno ha ricevuto numerosi riconoscimenti a Sanremo, sia per le sue performance che per i suoi testi penetranti. Questi premi non sono stati solo medaglie da appuntare al petto, ma conferme del suo legame speciale con il pubblico e del suo posto nell'élite della musica italiana.

La sua capacità di evolvere, di sperimentare, pur rimanendo fedele alla sua essenza, ha fatto di lui un punto di riferimento nel panorama musicale italiano. E le sue vittorie a Sanremo sono la testimonianza del fatto che la musica, quando è autentica e proviene dal cuore, può attraversare i decenni, toccando le corde dell'anima di generazioni diverse.

Le vittorie e i riconoscimenti di Toto Cutugno a Sanremo non sono solo meriti personali; sono la celebrazione di un artista che, con umiltà e determinazione, ha saputo conquistare il cuore degli italiani, diventando una vera e propria leggenda della musica italiana. E, come tutte le leggende, il suo eco risuona attraverso i corridoi del tempo, ispirando e commuovendo chiunque abbia la fortuna di ascoltarlo.

Il Festival di Sanremo ha rappresentato per molti artisti un palcoscenico di puro intrattenimento, un luogo in cui presentare nuovi brani e competere per la corona musicale italiana. Ma per alcuni, come Toto Cutugno, il Teatro Ariston ha offerto un'opportunità ben più grande: quella di utilizzare la musica come veicolo per esprimere opinioni, sentimenti e pensieri su temi che vanno ben oltre le note.

Toto, nel corso della sua prolifica carriera, ha mostrato più volte che la sua arte non era semplicemente legata alla melodia o al ritmo. La sua musica, intrisa di emozioni e riflessioni profonde, ha sempre cercato di toccare l'anima e lo spirito di chi ascolta, sollecitando riflessioni e creando connessioni. Questo è stato particolarmente evidente nelle sue performance sanremesi.

Prendiamo, ad esempio, la sua canzone "Insieme: 1992". Più che un brano musicale, era un richiamo all'unità europea, un invito a guardare al futuro con speranza e collaborazione, anticipando temi che sarebbero divenuti centrali solo qualche anno dopo. La scelta di portare un brano così pregnante di significati in un contesto come Sanremo dimostra la volontà di Toto di andare oltre il puro intrattenimento, cercando di stimolare una riflessione nel pubblico.

Ma non si è fermato qui. La sua sensibilità artistica gli ha permesso di toccare temi delicati, spesso legati alla realtà socio-culturale italiana. Che si trattasse di raccontare le sfumature dell'amore, di dipingere la bellezza delle tradizioni italiane o di lanciare un messaggio di speranza in tempi difficili, Cutugno ha sempre saputo amalgamare il suo talento musicale con una profonda consapevolezza sociale.

La sua presenza a Sanremo, d'altra parte, non era mai scontata o puramente cerimoniale. Quando Toto saliva sul palco, si sapeva che avrebbe offerto qualcosa di più di una semplice performance. Avrebbe raccontato una storia, avrebbe toccato un argomento di rilievo, avrebbe, in qualche modo, lasciato un segno.

E il pubblico ha risposto, riconoscendo in lui non solo il musicista di talento, ma anche l'artista sensibile e il cittadino attento. Le sue canzoni, spesso, sono diventate vere e proprie colonne sonore di momenti storici e culturali dell'Italia, contribuendo a definire l'immaginario collettivo di intere generazioni.

Toto Cutugno ha dimostrato, anno dopo anno, di essere molto più di un "semplice musicista". Ha dimostrato di essere un artista nel vero senso della parola, qualcuno in grado di riflettere, attraverso la sua arte, le sfumature complesse e le bellezze di un mondo in continua evoluzione. E Sanremo, con il suo palcoscenico luminoso e la sua storia prestigiosa, è stato spesso testimone privilegiato di questa straordinaria capacità.

Esistono artisti per cui il palcoscenico è un luogo di lavoro, e poi ci sono artisti per cui il palcoscenico è un luogo d'anima, un'estensione di se stessi. Toto Cutugno appartiene senza dubbio a questa seconda categoria. Ogni sua apparizione sul palco di Sanremo ha svelato al pubblico non solo la sua indiscussa maestria musicale, ma anche una profonda passione che ha sempre guidato la sua carriera.

Se c'è una cosa che ha sempre distinto Cutugno, è la sua capacità di vivere ogni performance come se fosse la prima e l'ultima. Che si tratti di una ballata malinconica o di un pezzo ritmato, Toto ha sempre saputo infondere ogni nota con una carica emotiva che trascende la canzone stessa. Questa passione palpabile ha creato un legame unico con il pubblico, rendendo ogni sua esibizione un momento indimenticabile.

Ripensando alle sue apparizioni sanremesi, alcuni dettagli emergono con chiarezza: il modo in cui teneva il microfono, come se fosse un'estensione della sua voce; lo sguardo intenso, spesso rivolto al pubblico, quasi a cercare una connessione ancora più profonda; e, ovviamente, quella sua inconfondibile voce, capace di evocare un'ampia gamma di emozioni.

Oltre alla passione, c'è sempre stata una dedizione assoluta al suo mestiere. Toto non si è mai accontentato di dare meno del 100% in ogni sua performance. Questo impegno si rifletteva nelle lunghe ore di prove, nella cura maniacale per ogni dettaglio della sua esibizione e nella costante ricerca di perfezione. Ma, più di tutto, si manifestava nel modo in cui interpretava ogni brano, rendendo ogni canzone un'esperienza unica.

Questo legame speciale con il palcoscenico non è sfuggito al pubblico italiano. Per molti, attendere l'esibizione di Cutugno a Sanremo era uno dei momenti clou del festival. Non solo perché si aspettavano di sentire una grande canzone, ma perché sapevano che avrebbero assistito a un momento di pura magia musicale. E Toto non ha mai deluso.

La sua affinità con il palcoscenico, tuttavia, non era solo il risultato della sua indiscutibile talento. Era il prodotto di anni di duro lavoro, di una profonda comprensione del potere della musica e, soprattutto, di una passione inestinguibile. Una passione che ha reso ogni nota, ogni verso e ogni gesto qualcosa di molto più grande della somma delle sue parti.

Toto Cutugno non è solo un grande musicista; è un interprete nato, un artista che vive e respira musica. La sua storia a Sanremo ci ricorda che la vera grandezza non si misura solo in premi o riconoscimenti, ma nel modo in cui un artista riesce a toccare il cuore e l'anima di chi ascolta. E in questo, Toto è veramente insuperabile.

I Duetti Memorabili:

Ogni volta che Toto Cutugno si è presentato sul palcoscenico del Festival di Sanremo, ha regalato al pubblico performance indimenticabili. Ma alcuni dei momenti più magici sono avvenuti quando ha condiviso il microfono con altri giganti della musica italiana. Questi duetti non solo hanno dimostrato la versatilità di Cutugno come artista, ma hanno anche offerto al pubblico attimi di pura alchimia musicale.

Una delle collaborazioni più emblematiche è stata sicuramente quella con la leggendaria cantante Mina. La combinazione delle voci potenti e carismatiche di entrambi ha creato un'atmosfera elettrizzante, quasi tangibile. Ogni nota, ogni pausa, ogni sguardo scambiato tra i due artisti trasudava rispetto e ammirazione reciproca. Il loro duetto è diventato un punto di riferimento nella storia della musica italiana, una prova della magia che può nascere quando due talenti si fondono in perfetta armonia.

Un altro duetto che merita una menzione speciale è stato con la talentuosa Anna Oxa. La loro interpretazione congiunta ha sorpreso molti, dato il contrasto tra lo stile melodico di Cutugno e l'energia vibrante di Oxa. Eppure, come due pezzi di un puzzle che si incastrano perfettamente, le loro voci si sono unite in un flusso armonioso, creando un'esperienza musicale profondamente emotiva.

Ma forse, ciò che rende davvero speciali questi duetti non sono solo le straordinarie performance vocali. È la capacità di Cutugno di adattarsi e armonizzarsi con stili e tonalità diversi. Questa flessibilità artistica ha permesso a Cutugno di esplorare nuovi territori musicali e di ampliare il suo repertorio, pur rimanendo fedele alla sua essenza.

Ogni collaborazione, infatti, è stata un'occasione per Toto di imparare, crescere e, soprattutto, di celebrare la bellezza della musica. Attraverso queste performance congiunte, ha dimostrato che la musica è un linguaggio universale, in grado di unire artisti di differenti background e generazioni.

Inoltre, attraverso questi duetti, Cutugno ha dimostrato un profondo rispetto per i suoi colleghi. La sua umiltà e la sua apertura verso altri artisti sono state evidenti in ogni nota cantata insieme. Invece di cercare di dominare la scena, ha sempre cercato l'armonia, la complementarità, dando spazio e valorizzando la voce del suo partner.

I duetti di Toto Cutugno a Sanremo non sono stati solo esibizioni musicali; sono stati momenti di pura celebrazione dell'arte, dell'amicizia e della collaborazione. Momenti che hanno sottolineato la grandezza di Cutugno non solo come musicista, ma anche come persona, sempre pronto a condividere il palcoscenico e a mettersi in gioco in nome della musica. E, come sempre, ha fatto tutto ciò con una passione e un amore che hanno reso ogni duetto un'esperienza indimenticabile per chi ha avuto la fortuna di ascoltarlo.

Quando parliamo di Toto Cutugno e del Festival di Sanremo, è come se stessimo esplorando un matrimonio artistico fatto in cielo. Non c'è dubbio che Sanremo sia uno dei palcoscenici più ambiti e prestigiosi per un artista italiano. Tuttavia, ciò che Toto ha portato al festival, e ciò che il festival ha restituito a lui, è un intreccio di talento, determinazione e una passione inarrestabile per la musica.

Da quando fece la sua prima apparizione a Sanremo, Toto Cutugno non era solo un altro concorrente. Con il suo stile unico e la sua voce inconfondibile, riuscì ad attirare l'attenzione non solo del pubblico in sala, ma di tutta l'Italia. Sanremo divenne la piattaforma ideale per lui per mostrare la sua abilità come cantante, compositore e performer. E con ogni apparizione, la sua popolarità e il suo rispetto nel panorama musicale italiano crescevano esponenzialmente.

Ma il rapporto tra Cutugno e Sanremo non si basava solo sulla visibilità. Era una questione di crescita artistica e di sfide. Sanremo, con la sua vasta platea e le aspettative elevate, ha spinto Toto a superare se stesso, ad esplorare nuovi orizzonti musicali e a perfezionare la sua arte. Ogni anno, si presentava con qualcosa di fresco e di nuovo, mantenendo però la sua autenticità e il suo inconfondibile stile italiano.

Le vittorie e le esibizioni memorabili di Toto a Sanremo non solo hanno consolidato il suo status di superstar, ma hanno anche influenzato la direzione della sua carriera. Grazie alla visibilità e al riconoscimento ottenuto al festival, ha potuto collaborare con altri grandi nomi della musica, esplorare nuovi stili e generi, e consolidare la sua posizione come una delle principali figure musicali in Italia.

Tuttavia, al di là del successo e della fama, Sanremo ha offerto a Toto Cutugno qualcosa di molto più profondo: una conferma. Una conferma del suo talento, della sua dedizione e, soprattutto, del suo legame speciale con il pubblico. Ogni applauso, ogni standing ovation, ogni coro del pubblico cantando le sue canzoni, sono stati un chiaro segno che la sua musica toccava veramente il cuore delle persone.

Il Festival di Sanremo non è stato solo un trampolino di lancio per Toto Cutugno. È stato un compagno di viaggio, un alleato e, in molti modi, un maestro. Ha plasmato la sua carriera, ha sfidato la sua arte e ha celebrato i suoi trionfi. E mentre riflettiamo sull'influenza di Sanremo sulla carriera di Toto, non possiamo fare a meno di ammirare l'artista incredibile che è, e quanto ha dato e ricevuto da questo magnifico festival.

Nella storia della musica italiana, pochi artisti hanno avuto un impatto profondo e duraturo come Toto Cutugno. La sua presenza nel panorama musicale è stata costante, evolutiva e indimenticabile. E una delle sue pietre miliari, senza dubbio, è stata la sua relazione con il Festival di Sanremo.

Ogni volta che Toto saliva sul palco del Teatro Ariston, non era solo una nuova esibizione o una nuova canzone. Era una celebrazione della sua carriera, una dimostrazione della sua evoluzione come artista e, più importante, un tributo all'amore incondizionato dei suoi fan. Anche dopo decenni nel mondo della musica, la magia di Cutugno non ha mai perso il suo fascino. Ogni sua apparizione a Sanremo era un evento, atteso con grande anticipazione, non solo dai fan ma da tutta l'Italia.

Ma cosa rendeva ogni sua esibizione così speciale e attesa? La risposta risiede nella sua autenticità. Toto non era solo un cantante; era un narratore di storie, un poeta del quotidiano. Le sue canzoni risuonavano nel cuore delle persone, e ogni volta che si esibiva, era come se raccontasse una nuova storia, creando un legame emotivo con il pubblico.

Sanremo ha rappresentato per lui non solo una piattaforma di espressione artistica, ma anche un luogo di ritrovo con il suo pubblico. Ogni nota, ogni parola, ogni gesto sul palco era un ringraziamento ai suoi fan per la loro fedeltà e amore. E in cambio, ha ricevuto applausi, standing ovations e, soprattutto, un posto speciale nei cuori degli italiani.

Ma la grandezza di Toto Cutugno non risiede solo nelle sue esibizioni o nelle sue canzoni. Risiede nella sua capacità di rimanere rilevante, di evolversi con i tempi, ma senza mai perdere la sua essenza. Ecco perché, anche dopo anni di esibizioni a Sanremo, il suo nome evoca ancora rispetto, ammirazione e un profondo affetto.

Nel riflettere sulla sua incredibile carriera, è impossibile ignorare l'importanza di Sanremo nel consolidare il suo status di leggenda della musica italiana. Ma ciò che rende Toto Cutugno veramente leggendario non sono solo i premi o i riconoscimenti. È il suo talento innato, la sua dedizione alla musica e il suo amore incondizionato per i suoi fan. E mentre guardiamo indietro, celebrando i suoi trionfi e la sua musica, possiamo solo sperare che la leggenda di Toto Cutugno continui a crescere, ispirando le generazioni future con la sua passione, la sua arte e il suo indomito spirito.

L'arte del testo

Introduzione alla Lirica di Cutugno

Mentre il battito del cuore italiano risuonava negli anni '70 e '80, emergendo tra le note e i ritmi dell'epoca, c'era una voce, una penna, che catturava l'essenza di quei tempi come pochi altri: Toto Cutugno. Nell'ampio panorama della musica italiana, Cutugno ha sempre occupato un posto speciale. Non solo per la sua voce inconfondibile o per le melodie orecchiabili, ma soprattutto per la profondità e la ricchezza dei suoi testi.

La lirica è l'arte delle parole messe in musica, e Cutugno è un maestro in questo. Ogni canzone, ogni verso, trasuda una passione e una sincerità che tocca l'anima di chi ascolta. Ma come fa un artista a raggiungere una tale profondità? Come riesce a catturare l'attenzione e il cuore del suo pubblico con semplici parole?

Nel caso di Toto, la risposta giace nella sua straordinaria capacità di osservare il mondo intorno a lui e di tradurre queste osservazioni in storie universali. Cutugno non scriveva solo canzoni; raccontava storie. Storie di amore, di speranza, di sogni e di delusioni. Storie che, anche se profondamente radicate nella cultura e nella storia italiane, parlavano a un pubblico globale, grazie alla loro autenticità e universalità.

Quando pensiamo alle grandi figure della musica italiana, spesso ci concentriamo sul timbro vocale, sul carisma scenico o sull'abilità musicale. Ma dietro ogni grande canzone, c'è sempre un grande testo. E i testi di Cutugno sono opere d'arte in sé. Attraverso le sue parole, abbiamo avuto un assaggio della dolce vita italiana, dei suoi paesaggi pittoreschi, delle sue piazze animate, dei suoi amori intensi e delle sue sfide sociali.

Ma la vera magia risiede nella capacità di Cutugno di farci sentire come se stessimo vivendo quelle storie insieme a lui. Quando canta di un amore perduto o di un sogno irrealizzato, non è solo la sua esperienza che viene portata alla luce; è un'esperienza condivisa, un sentimento che molti di noi hanno vissuto almeno una volta nella vita.

Ecco perché, quando ci immergiamo nei testi di Cutugno, non stiamo semplicemente leggendo parole su una pagina o ascoltando versi in una canzone. Stiamo vivendo un viaggio emotivo, uno che ci porta attraverso le complesse sfaccettature dell'esperienza umana. E come ogni grande poeta, Cutugno ha il dono di esprimere queste emozioni con una semplicità disarmante, ma con una profondità che risuona a lungo dopo che la canzone è finita.

In questo capitolo, esploreremo l'arte e la maestria dietro i testi di Toto Cutugno, cercando di comprendere come sia riuscito a toccare così profondamente il cuore di tante persone, e perché, anche oggi, le sue parole continuano a risuonare con una freschezza e una rilevanza ineguagliabili.

In un paese di una ricchezza culturale come l'Italia, caratterizzato da secoli di storia, arte e cambiamenti, un artista deve avere una sensibilità particolare per riuscire a catturare l'essenza del suo tempo. Toto Cutugno, con la sua penna magistrale, non solo ha raccontato storie di amore e passioni, ma ha anche tracciato un ritratto dell'Italia attraverso le sue canzoni, agendo come una sorta di cronista emotivo dei tempi in cui ha vissuto.

Negli anni '70, quando l'Italia era attraversata da movimenti di protesta, turbolenze sociali e cambiamenti politici, Cutugno ha saputo trasformare questi temi in poesia. Le sue canzoni di quel periodo, pur mantenendo una melodia accattivante, portano con sé un'eco di quel contesto storico. Si tratta di canzoni che non si limitano a narrare vicende amorose, ma che si fanno specchio di una società in evoluzione, con tutte le sue tensioni e le sue speranze.

Ma quello che rende davvero unico Cutugno è la sua capacità di approfondire questi temi senza mai cadere nel didascalico o nel semplicistico. Le sue parole sono state spesso sottili, quasi velate, permettendo all'ascoltatore di immergersi nel testo e di trarre le proprie conclusioni. In questo modo, ha offerto al suo pubblico una visione matrice dell'Italia, arricchita da sfumature e dettagli che solo un osservatore attento e sensibile come lui avrebbe potuto cogliere.

Ogni decennio ha portato con sé nuove sfide e nuovi temi, e Cutugno ha sempre saputo adattarsi, mantenendo però la sua inconfondibile voce. Negli anni '80 e '90, ad esempio, mentre l'Italia si confrontava con una nuova era di globalizzazione e cambiamenti economici, le sue canzoni riflettevano le sfide e le opportunità di questi tempi. Ancora una volta, senza mai prendere una posizione didascalica, ma offrendo piuttosto una meditazione lirica sui temi del giorno.

E non possiamo dimenticare il modo in cui ha affrontato temi universali, come l'amore, la famiglia e la ricerca di un senso nella vita, sempre inserendoli nel contesto socio-culturale dell'Italia. Questo ancoraggio alla realtà ha reso i suoi testi particolarmente potenti, poiché le persone potevano facilmente riconoscersi nelle sue parole, vedendo le proprie vite e le proprie esperienze riflesse nelle sue storie.

Toto Cutugno non è solo un artista, ma anche un poeta e un osservatore della società. Ha regalato all'Italia, e al mondo, canzoni che non solo intrattengono, ma che anche provocano riflessioni e discussioni. E proprio per questa sua capacità di catturare l'essenza dell'Italia in diversi momenti storici, continua ad essere celebrato come uno dei grandi maestri della canzone italiana, un artista la cui voce è tanto necessaria oggi quanto lo era decenni fa.

L'Uso delle Metafore

Uno degli aspetti più affascinanti della lirica di Toto Cutugno è senza dubbio il suo uso magistrale delle metafore. Ogni grande artista possiede un dono unico, e nel caso di Cutugno, è la capacità di trasportare l'ascoltatore in mondi paralleli, dando vita a immagini e sentimenti attraverso il potere evocativo delle sue parole. Con una precisione quasi chirurgica, ha saputo trasformare le esperienze più quotidiane in potenti metafore, offrendo spunti di riflessione profondi e universali.

Prendiamo, ad esempio, alcune delle sue canzoni più celebri. Senza mai cadere nel banale, Cutugno ha usato le metafore per esprimere emozioni e sentimenti che, se descritti in modo letterale, avrebbero perso gran parte della loro forza. Ha descritto l'amore, la passione, la perdita e la speranza attraverso immagini talvolta semplici, ma sempre ricche di significato. Un tramonto, un viaggio, una strada: elementi di una realtà che tutti conosciamo, ma che nelle sue canzoni assumono connotazioni completamente nuove.

Ciò che rende veramente speciali le sue metafore è il modo in cui riescono a colpire dritto al cuore. Non si tratta solo di belle parole, ma di una capacità innata di vedere oltre, di andare più in profondità. E non è un caso che molti dei suoi testi siano diventati veri e propri inni per intere generazioni di italiani. Perché dietro ogni metafora c'è un pezzo di verità, una riflessione sulla condizione umana, sui sogni, sulle paure e sulle aspirazioni di ciascuno di noi.

Ma andando oltre le singole canzoni, l'intera carriera di Cutugno può essere vista come una grande metafora. La sua evoluzione artistica riflette i cambiamenti della società, le sfide e le trasformazioni di un paese in continua evoluzione. E in questo contesto, le sue metafore diventano ancor più potenti, perché ci parlano non solo dell'esperienza individuale, ma anche collettiva. Sono il ponte che collega l'individuo alla collettività, il singolo all'intera nazione.

L'arte delle metafore di Toto Cutugno non è solo un esercizio stilistico, ma un vero e proprio dono. Un dono che ha condiviso generosamente con il suo pubblico, permettendoci di vedere il mondo con occhi diversi, di sentire con un'intensità nuova e di riflettere su chi siamo e su dove stiamo andando. E proprio per questo, continua ad essere celebrato come uno degli artisti più profondi e originali della musica italiana, un vero poeta della canzone.

L'amore, con tutte le sue sfumature, i suoi alti e bassi, le sue gioie e le sue sfide, ha sempre occupato un posto speciale nell'opera di Toto Cutugno. Sfogliando le pagine del suo repertorio, emerge un quadro dettagliato e commovente delle relazioni umane, dipinto con la penna di un maestro. Ma cosa rende così speciali le canzoni d'amore di Cutugno? Come ha fatto a catturare così profondamente la complessità dell'amore?

Per cominciare, Cutugno ha sempre avuto l'abilità di trattare l'amore in tutte le sue forme. Dall'innamoramento febbrile e appassionato, alle sfide della convivenza, dall'amore platonico a quello consumato, dai dolori della separazione all'anelito di un amore eterno. In ogni canzone, possiamo trovare un pezzetto della nostra storia personale, un ricordo, un'emozione, una sensazione che ci riporta a un momento o a un luogo particolare.

Uno dei grandi talenti di Cutugno è la sua capacità di parlare di amore in modo universale, pur mantenendo un'attenzione ai dettagli intimi e personali. Le sue canzoni non sono mai vaghe o generiche, ma raccontano storie concrete, di persone reali, con le loro emozioni, i loro desideri e le loro paure. Eppure, ascoltando le sue parole, ognuno di noi può rivederci, sentirsi parte di quella storia, vivere quelle emozioni come se fossero le proprie.

Inoltre, Cutugno non ha mai avuto paura di affrontare la complessità delle relazioni umane. Non si è limitato a descrivere l'amore in termini idilliaci o romantici, ma ha esplorato anche i lati più oscuri, i momenti di dubbio, di gelosia, di conflitto. E questo, piuttosto che allontanare l'ascoltatore, lo avvicina ancora di più, perché riflette la realtà delle relazioni, fatta non solo di momenti felici, ma anche di sfide e difficoltà.

Un altro aspetto degno di nota è la musicalità con cui Cutugno ha sempre accompagnato le sue parole. La melodia e l'armonia delle sue canzoni amplificano l'emozione dei testi, creando un'esperienza d'ascolto completa e coinvolgente. E questo, combinato con la sua inconfondibile voce, ha reso ogni canzone un piccolo capolavoro, un gioiello di emozione pura.

Le canzoni d'amore di Toto Cutugno non sono solo belle melodie con bei testi. Sono molto di più. Sono una riflessione profonda e sincera sull'amore e sulle relazioni umane, una testimonianza del suo talento e della sua sensibilità. E, soprattutto, sono un regalo che Cutugno ha fatto a tutti noi, permettendoci di riflettere, di sognare, di emozionarci e di amare attraverso le sue parole.

Non c'è dubbio che Toto Cutugno sia un artista di immenso talento, ma ciò che lo rende veramente speciale, al di là delle sue doti vocali e della sua maestria nella composizione, è la sua profonda connessione con l'Italia e la sua cultura. Ogni nota, ogni strofa delle sue canzoni sembra dipingere un ritratto fedele e affettuoso del Bel Paese, catturando l'essenza della sua storia, delle sue tradizioni e del suo popolo.

Cutugno ha una capacità rara: quella di mettere in musica la complessità e la bellezza dell'Italia. Che si tratti delle sue coste soleggiate, delle sue città d'arte, dei suoi paesini avvolti nella nebbia o delle sue tradizioni secolari, Toto ha sempre saputo rendere omaggio alla sua patria in modo autentico e senza cadere in cliché.

Prendiamo, ad esempio, la sua celebrazione delle diverse regioni italiane. Anziché limitarsi a descrizioni superficiali, Cutugno ha imparato a cogliere l'unicità di ciascuna regione, celebrando sia le sue peculiarità che ciò che la lega al resto del paese. Le sue parole non sono mai semplici descrizioni, ma evocazioni potenti che trasportano l'ascoltatore in un viaggio attraverso paesaggi, suoni e sapori.

La sua profonda passione per la storia italiana si riflette anche nelle sue canzoni. Molti dei suoi testi rievocano eventi, personaggi e momenti cruciali che hanno plasmato la nazione. Ma non si tratta mai di semplici lezioni di storia; Cutugno ha il dono di rendere questi momenti vividi e rilevanti, mostrando come influenzino ancora oggi l'identità e la cultura italiane.

E poi c'è la sua celebrazione della lingua italiana. Cutugno non si limita a usare la lingua come uno strumento per trasmettere un messaggio; la tratta con profondo rispetto e affetto, giocando con le parole, esplorando nuance e sottolineando la sua musicalità intrinseca. La sua dedizione alla lingua è un tributo alla ricchezza e alla varietà dell'italiano, e una testimonianza del suo amore per la sua patria.

Ma forse ciò che più colpisce nelle canzoni di Cutugno è il modo in cui riesce a catturare l'essenza dell'italiano medio. I suoi personaggi sono reali, tangibili, persone che potremmo incontrare passeggiando per le strade di una qualsiasi città italiana. E attraverso questi personaggi, Cutugno ci offre uno spaccato sincero e profondo della società italiana, con le sue sfide, le sue gioie, i suoi sogni e le sue speranze.

La musica di Toto Cutugno non è solo un tributo all'Italia e alla sua cultura; è un'espressione della sua anima, un regalo che fa a tutti noi, permettendoci di vedere, sentire e vivere l'Italia attraverso i suoi occhi. E per questo, non possiamo fare a meno di amarlo e rispettarlo, non solo come artista, ma anche come ambasciatore della bellezza, della storia e della cultura del nostro amato paese.

Se c'è una cosa che la musica ha il potere di fare, è quella di attraversare frontiere, culture e lingue, toccando l'anima delle persone indipendentemente dalla loro provenienza. Toto Cutugno, pur essendo profondamente radicato nella cultura e nella tradizione italiane, ha dimostrato una capacità straordinaria di parlare a un pubblico globale attraverso temi universali. Sebbene molte delle sue canzoni siano innegabilmente impregnate dell'anima italiana, i temi affrontati sono spesso di portata universale, rendendo la sua musica risonante ben oltre i confini italiani.

La gioia, uno dei sentimenti più puri e contagiosi dell'esperienza umana, è un tema ricorrente nelle canzoni di Cutugno. Ma non si tratta di una gioia superficiale o effimera; attraverso le sue parole e la sua musica, Toto ha saputo catturare quella gioia profonda, genuina, che nasce dalla celebrazione della vita, dalle piccole vittorie quotidiane, dagli attimi di connessione con le persone care. È una gioia che chiunque, in qualsiasi parte del mondo, può riconoscere e condividere.

Allo stesso modo, Cutugno non ha mai evitato di esplorare il dolore nelle sue canzoni. Ma il suo approccio al dolore non è mai stato melodrammatico o autoindulgente. Piuttosto, ha scelto di affrontare il dolore con una sorta di dignità risoluta, riconoscendo che è una parte inevitabile dell'esperienza umana. E in questo riconoscimento c'è una sorta di conforto universale: il dolore è universale, ma così è la capacità di superarlo.

La speranza è un altro tema che Cutugno ha saputo tessere magistralmente nella sua tapezzeria musicale. In un mondo spesso incerto, le sue canzoni offrono un barlume di ottimismo, una promessa che, nonostante le sfide, c'è sempre motivo di sperare. E questa speranza non è nata da una visione ingenua del mondo, ma piuttosto dalla profonda convinzione che, anche nei momenti più bui, la luce è sempre dietro l'angolo.

Infine, la perdita, che inevitabilmente tocca tutti noi. Cutugno ha trattato questo tema con una delicatezza e una sensibilità straordinarie, riconoscendo che, sebbene la perdita possa portare con sé un dolore inimmaginabile, c'è anche bellezza nel ricordo, nella celebrazione della vita di chi non c'è più.

Mentre la musica di Toto Cutugno porta con sé il cuore e l'anima dell'Italia, i temi affrontati nelle sue canzoni sono universali. Questo, in combinazione con la sua indiscutibile maestria musicale, ha permesso alle sue canzoni di risuonare in cuori e anime di persone di ogni angolo del mondo. E in un mondo che può sembrare sempre più diviso, la capacità di Cutugno di parlare a un pubblico globale è un promemoria del potere unificante della musica.

Toto Cutugno, a dispetto della fama conquistata con melodiche canzoni d'amore, non si è mai tirato indietro quando si trattava di usare la sua arte per indagare, riflettere e talvolta criticare gli aspetti della società italiana e delle questioni sociali in generale. La sua penna ha spesso superato la barriera dell'emozione personale per tracciare dei commentari acuti sull'Italia, sul suo popolo e sulle dinamiche che hanno influenzato il Paese.

Un esempio eclatante di questo approccio è sicuramente "L'italiano", uno dei suoi brani più iconici. La canzone non solo celebra l'orgoglio e l'identità nazionale, ma mette in luce, con una certa ironia, alcune delle contraddizioni che caratterizzano il popolo italiano. Toto, con questo brano, ha inteso dare una sorta di spaccato della società italiana degli anni '80, riuscendo a colpire nel segno e a creare un inno che ancora oggi viene cantato con orgoglio e passione.

In "Le mamme", Cutugno ha affrontato il tema della maternità e del ruolo centrale che le madri hanno nella società italiana. Ma non si è limitato a una semplice lode; ha usato il testo per riflettere sulla complessità, sui sacrifici e sulle sfide che le donne, in particolare le madri, affrontano ogni giorno. In una nazione dove la figura materna ha un ruolo sacrale, questa canzone ha avuto un impatto profondo, riconoscendo il valore inestimabile delle madri nella formazione del tessuto sociale.

Un altro brano che merita menzione è "Solo noi". Pur essendo una canzone d'amore, al suo interno si nasconde una critica sottile ma penetrante alla solitudine e all'alienazione nella società moderna. Attraverso la lente dell'amore, Cutugno esplora come l'individualismo crescente possa portare all'isolamento, e come la connessione umana sia essenziale per contrastare questo fenomeno.

È importante sottolineare che, mentre Toto Cutugno ha utilizzato la sua musica come piattaforma per commentare la società, ha sempre mantenuto un approccio equilibrato.

Non ha mai cercato di predicare o di imporre le sue opinioni, ma piuttosto ha offerto riflessioni sincere e spesso introspettive, lasciando agli ascoltatori lo spazio per formarsi una propria opinione. Questa capacità di stimolare il pensiero senza apparire dogmatico è una delle ragioni per cui la sua musica ha avuto un impatto così duraturo.

In sintesi, Toto Cutugno non è solo un cantante e un compositore; è un artista nel vero senso della parola. Ha utilizzato la sua piattaforma e il suo talento non solo per intrattenere, ma anche per illuminare, sfidare e, in alcuni casi, confortare. In un mondo in cui l'arte può spesso sembrare distante dalle questioni reali, Cutugno è un promemoria vivente del potere della musica di fare la differenza e di influenzare il cambiamento sociale.

Nel corso della sua illustre carriera, Toto Cutugno si è distinto non solo come un cantante dal timbro inconfondibile ma anche come un letrista dal talento innato. Dalle sue prime composizioni fino ai successi maturi, è possibile tracciare un cammino di crescita ed evoluzione nei suoi testi, che riflettono sia il suo percorso personale sia gli sviluppi storici e culturali dell'Italia.

I primi anni della sua carriera sono stati segnati da canzoni leggere, spesso intrise di una gioiosa celebrazione della vita e dell'amore giovanile. Brani come "Donna, donna mia" e "La mia musica" catturano perfettamente questo spirito, con un Cutugno che esplora le gioie e le complessità delle relazioni attraverso una lente ottimistica e spensierata.

Tuttavia, con il passare degli anni, come spesso accade agli artisti che maturano, i suoi testi hanno iniziato a riflettere una profondità maggiore e una comprensione più sofisticata del mondo intorno a lui. La sua capacità di osservare e tradurre le esperienze quotidiane in musica si è affinata, permettendogli di affrontare temi più complessi con una sensibilità e un'introspezione più acute.

Uno dei momenti chiave di questa transizione può essere individuato nella canzone "L'italiano", che, come menzionato in precedenza, non è solo una celebrazione dell'identità italiana, ma anche una riflessione sui suoi paradossi e contraddizioni. Questo brano rappresenta un Cutugno più maturo, in grado di guardare la sua nazione con occhi critici, pur mantenendo un innato amore per il suo paese.

Man mano che la sua carriera proseguiva, Toto mostrava sempre più la capacità di mescolare l'ottimismo delle sue origini con una consapevolezza crescente delle sfide della vita. Brani come "Le mamme" e "Emozioni" mostrano un artista che non ha paura di esplorare il dolore, la perdita e la complessità delle relazioni umane.

Eppure, nonostante questa evoluzione, quello che rende Cutugno un artista davvero straordinario è la sua capacità di rimanere fedele alla sua voce unica. Anche nelle sue canzoni più recenti, c'è sempre quell'essenza distintiva, quella capacità di catturare l'attenzione dell'ascoltatore e di portarlo in un viaggio attraverso le emozioni e i pensieri.

L'evoluzione di Toto Cutugno come letrista è una testimonianza della sua maestria e della sua capacità di adattarsi e crescere senza perdere la sua identità. La sua musica e i suoi testi rimangono un patrimonio inestimabile per la cultura italiana, offrendo una panoramica intima e profonda dell'esperienza umana attraverso le decadi. Con ogni nota e ogni parola, Cutugno ci ricorda che, mentre la vita e le circostanze possono cambiare, le emozioni fondamentali che proviamo rimangono universali e senza tempo.

Il potere della parola è stato, per secoli, uno dei doni più preziosi dell'umanità. Attraverso la lingua, raccontiamo storie, esprimiamo sentimenti e creiamo legami. E nel vasto panorama musicale italiano, pochi artisti hanno dimostrato una tale maestria nel sfruttare le potenzialità della lingua italiana quanto Toto Cutugno.

L'italiano, con le sue sonorità melodiose, i suoi intricati giochi di parole e la sua ricca tradizione poetica, offre infinite possibilità per un letrista. E Cutugno, con la sua innata sensibilità, ha saputo immergersi in questa lingua, plasmandola e modellandola per creare testi che sono veri e propri capolavori linguistici.

Prendiamo, ad esempio, la sua iconica "L'italiano". Al di là del messaggio patriottico e dell'ode alla bellezza della nazione, la canzone è un trionfo della lingua italiana. Le parole scorrono con una ritmica precisa, e ogni frase, ogni strofa, ogni ritornello è costruito con una cura maniacale per il ritmo e la melodia. "Lasciatemi cantare, con la chitarra in mano, lasciatemi cantare una canzone piano piano" - qui, Cutugno non solo ci racconta una storia, ma lo fa ballando tra le parole, creando una sinfonia di suoni che risuona nella mente dell'ascoltatore.

Ma la magia non si limita ai grandi successi. Anche in canzoni meno note, la sua capacità di giocare con le parole, di sfruttare assonanze, allitterazioni e metafore, risplende chiara. Ogni testo è un viaggio, un'avventura linguistica dove ogni parola è scelta con cura, ogni frase è pesata per il suo impatto emotivo e sonoro.

Eppure, la vera magia risiede non solo nella scelta delle parole, ma nel modo in cui Cutugno riesce a trasmettere emozioni attraverso di esse. Con semplici frasi, riesce a evocare paesaggi, sentimenti, ricordi. La sua lingua non è solo uno strumento di comunicazione, ma un pennello con cui dipinge quadri emotivi, trasportando l'ascoltatore in luoghi e tempi lontani.

Un altro aspetto degno di nota è il modo in cui Cutugno ha saputo evolvere la sua scrittura nel corso degli anni, adattandosi ai cambiamenti nella lingua e nella società, pur rimanendo fedele al suo stile distintivo. Questa capacità di adattamento, di crescita, è la prova del suo profondo amore e rispetto per la lingua italiana.

La relazione tra Toto Cutugno e la lingua italiana è un connubio perfetto di talento, passione e dedizione. Attraverso i suoi testi, Cutugno ci offre una lezione non solo di musica, ma anche di lingua e poesia, ricordandoci la bellezza e la potenza delle parole e della loro magia. E in questo viaggio linguistico, siamo fortunati ad avere un maestro come lui a guidarci.

L'eredità Lirica di Cutugno

Quando si riflette sul panorama musicale italiano, emergono nomi di artisti che hanno lasciato un segno indelebile nella storia della musica. Toto Cutugno, senza dubbio, è uno di questi. Mentre le mode musicali vengono e vanno, ci sono certi artisti e certe canzoni che trascendono il tempo, diventando parte integrante del tessuto culturale di una nazione. Le opere di Cutugno rientrano in questa categoria d'élite.

Ripensando alla sua vasta discografia, si comprende immediatamente la profondità e la portata del suo talento lirico. Cutugno non era solo un cantautore; era un poeta, un narratore, un osservatore della vita in tutte le sue sfaccettature. La sua capacità di catturare l'essenza dell'esperienza umana, dal trionfo alla tragedia, dall'amore al dolore, lo ha reso uno dei più grandi letristi del suo tempo.

Ma cosa rende l'eredità lirica di Cutugno così duratura? Forse è il modo in cui ha saputo fondere l'identità italiana con temi universali, creando canzoni che, pur essendo profondamente radicate nella cultura italiana, hanno risonato con ascoltatori di tutto il mondo. Oppure potrebbe essere la sua innegabile maestria nel manipolare la lingua italiana, sfruttando ogni sfumatura e ritmo per trasmettere emozioni e narrazioni.

Ciò che è certo, tuttavia, è che l'impato di Cutugno sulla musica italiana è immenso. Anche oggi, le nuove generazioni di artisti guardano alla sua opera come fonte d'ispirazione, cercando di emulare la sua abilità nel raccontare storie che colpiscono dritto al cuore. E mentre gli anni passano e le tendenze musicali cambiano, le canzoni di Cutugno rimangono sempre attuali, offrendo conforto, ispirazione e, a volte, una dolce nostalgia.

Non possiamo prevedere il futuro della musica italiana o quali artisti emergeranno come icone della prossima era. Tuttavia, possiamo affermare con certezza che l'eredità lirica di Toto Cutugno rimarrà per sempre. Le sue parole continueranno a risuonare nelle menti e nei cuori delle persone, non solo in Italia, ma in tutto il mondo. E come tutte le grandi opere d'arte, le sue canzoni saranno riscoperte, reinterpretate e celebrate dalle generazioni future.

Mentre concludiamo questo viaggio attraverso l'arte del testo di Cutugno, è impossibile non sentirsi grati. Grati per aver vissuto in un'epoca in cui un artista del suo calibro ha condiviso il suo talento con il mondo. Grati per ogni canzone, ogni parola, ogni emozione che ci ha regalato. E, soprattutto, grati per la promessa che, grazie alla sua eredità, la magia di Toto Cutugno continuerà a brillare, illuminando le vite di chiunque abbia la fortuna di ascoltarlo.

Gli esordi e
le prime collaborazioni

Tutto ha un inizio, un momento in cui l'ispirazione incontra l'opportunità e dà vita a qualcosa di magico. Nel caso di Toto Cutugno, quest'inizio è stato un collage di incontri fortuiti, di passioni ardentemente perseguite e di una profonda dedizione alla musica.

Toto, nativo di Fosdinovo, una piccola cittadina della Toscana, era destinato a diventare una delle voci più riconoscibili della musica italiana. Ma prima di arrivare alle grandi luci e alle ovazioni del pubblico, c'era un giovane uomo con un sogno, una chitarra e una voce profondamente emotiva. Ed è proprio in questi anni formativi che Toto ha iniziato a costruire le fondamenta di quello che sarebbe diventato un leggendario percorso musicale.

Le sue prime collaborazioni sono state essenziali in questo viaggio. Non solo gli hanno offerto l'opportunità di affinare le sue abilità, ma gli hanno anche permesso di immergersi in vari stili musicali. Questo periodo di sperimentazione gli ha dato la possibilità di trovare la sua voce unica, quella che milioni di persone in tutto il mondo sarebbero venute ad amare.

Nella seconda metà degli anni '60, una delle sue prime collaborazioni significative fu con il gruppo "Albatros", un'esperienza che segnò profondamente il giovane Cutugno. Non era solo una questione di creare musica insieme, ma di condividere visioni, sogni e, soprattutto, una passione comune per raccontare storie attraverso le note.

Gli Albatros furono testimoni della dedizione di Toto, della sua capacità di ascoltare e apprendere. Era un artista affamato di conoscenza e desideroso di esprimersi. Ed è proprio in questo contesto collaborativo che molte delle sue prime canzoni hanno preso forma, molte delle quali riflettono l'essenza di un giovane artista in cerca del suo posto nel vasto mondo della musica.

Ma più di tutto, queste prime collaborazioni hanno mostrato un lato di Toto che molti ammirano ancora oggi: la sua umiltà. Nonostante il crescente successo e la consapevolezza del suo talento, non ha mai smesso di essere un appassionato studente della musica. Era sempre pronto ad ascoltare, a prendere suggerimenti e a sperimentare nuove idee.

In un mondo spesso caratterizzato da ego smisurati e desideri di protagonismo, la genuinità di Toto Cutugno spiccava. E questa autenticità, unita al suo talento ineguagliabile, è ciò che ha fatto sì che le sue prime collaborazioni non fossero solo un trampolino di lancio per la sua carriera, ma anche un'indicazione del tipo di artista e persona che è sempre stato.

E mentre la sua carriera progrediva, e le sue canzoni iniziavano a conquistare un pubblico sempre più vasto, era evidente che Toto Cutugno non era solo un cantante o un compositore. Era un artista nel vero senso della parola, uno che aveva iniziato il suo viaggio con autenticità, passione e, soprattutto, con il cuore aperto alle infinite possibilità della musica.

Il Festival di Sanremo ha da sempre rappresentato una sorta di Olimpo per gli artisti italiani. Dal lontano 1951, l'Ariston si illumina per alcuni giorni ogni anno, diventando il palcoscenico su cui sfilano talenti affermati e nuove promesse della musica italiana. Tra questi, Toto Cutugno ha certamente segnato una pagina indelebile nella storia di questa manifestazione.

Per comprendere a pieno l'importanza di Sanremo nella carriera di Cutugno, è essenziale riconoscere il peso che questo festival ha nel panorama musicale italiano. Sanremo non è solo un concorso canoro, ma una vera e propria vetrina che ha il potere di lanciare carriere o, nel caso di artisti già affermati come Toto, di consolidarle ulteriormente.

La presenza di Toto Cutugno a Sanremo è stata, nel corso degli anni, costante e significativa. La sua vittoria nel 1980 con "Solo noi" non è stata solo un trionfo personale, ma anche la conferma che le sue capacità artistiche erano riconosciute e apprezzate sia dal grande pubblico che dalla critica. Ma Sanremo ha rappresentato per lui non solo un luogo di consacrazione, ma anche di sperimentazione.

Le collaborazioni e i duetti presentati sul palco dell'Ariston hanno avuto spesso un sapore speciale, una magia che solo Sanremo sapeva regalare. Questi momenti hanno offerto a Cutugno l'opportunità di condividere con un vasto pubblico la sua evoluzione artistica, mostrando non solo la sua inconfondibile voce, ma anche la sua capacità di lavorare in sintonia con altri artisti.

Un esempio memorabile fu il duetto con Gigliola Cinquetti nel 1984 con "Non ho l'età", una reinterpretazione del brano vincitore del 1964. La performance, oltre a celebrare un pezzo iconico della storia di Sanremo, ha messo in luce la sinergia tra i due artisti e la capacità di Cutugno di rinnovarsi, rimanendo fedele alla sua essenza.

Ma ciò che rende ancora più speciale il legame tra Toto e Sanremo è la genuinità con cui ha sempre calcato quel palco. Le sue esibizioni non erano mai puri esercizi di stile, ma piuttosto momenti di condivisione, in cui ogni nota, ogni parola, ogni gesto era intriso di passione e sincerità. E proprio questa autenticità ha permesso al pubblico di sentirsi parte integrante dell'esperienza, di vivere insieme a lui ogni emozione.

Il Festival di Sanremo ha giocato un ruolo cruciale nella carriera di Toto Cutugno, offrendogli una piattaforma privilegiata da cui presentare la sua arte. Ma è stato anche il luogo in cui l'artista ha potuto mostrare, anno dopo anno, la sua crescita, la sua evoluzione e, soprattutto, il suo immenso amore per la musica. E questa, alla fine, è la vera magia di Sanremo: essere non solo un palcoscenico, ma una casa per artisti come Toto, in cui possono esprimersi liberamente, sentendosi sempre accolti e amati.

Collaborazione con artisti internazionali

Toto Cutugno, pur essendo una figura iconica della musica italiana, non ha mai limitato il suo orizzonte artistico ai soli confini della penisola. La sua passione per la musica, unita a una curiosità innata, lo ha spinto ad attraversare i mari e le montagne, esplorando nuovi paesaggi sonori e stringendo collaborazioni con artisti di fama mondiale.

La musica, si sa, è un linguaggio universale, e Toto lo ha compreso benissimo. Sebbene le sue radici siano profondamente italiane, la sua anima è sempre stata cosmopolita. Questa apertura mentale ha dato vita a collaborazioni davvero uniche, in grado di amalgamare stili, culture e sonorità diverse in un unico, armonico insieme.

Un esempio eclatante di questa sua capacità di coniugare il proprio background con influenze esterne è la collaborazione con la cantante belga Mireille Mathieu. I due hanno registrato insieme la canzone "Ciao, Bambino, Sorry", che ha riscosso un grande successo non solo in Italia e in Belgio, ma anche in molte altre parti d'Europa. Questo duetto ha non solo dimostrato la versatilità di Cutugno come artista, ma ha anche sottolineato la sua capacità di costruire ponti tra culture diverse attraverso la musica.

Un altro esempio significativo è la sua collaborazione con l'artista svedese Lena Philipsson. La canzone "Via", cantata in italiano e svedese, ha sapientemente unito la melodia italiana con le sonorità nordiche, creando un mix irresistibile che ha riscosso un ampio apprezzamento.

Ma forse, ciò che rende davvero speciali queste collaborazioni internazionali è il modo in cui Toto si avvicina ad esse. Non si tratta mai di semplici esercizi commerciali, ma di veri e propri incontri artistici, in cui ogni artista apporta la sua unicità, creando qualcosa di completamente nuovo. La sua umiltà e il rispetto che mostra verso i suoi colleghi sono palpabili in ogni nota, in ogni accordo.

La capacità di Cutugno di lavorare con artisti internazionali testimonia anche l'ampio appeal della sua musica. Sebbene canti principalmente in italiano, la sua arte risuona profondamente in chiunque, indipendentemente dalla lingua o dalla cultura. Le sue melodie universali e i suoi testi profondi hanno il potere di toccare le corde del cuore, indipendentemente da dove ci si trovi nel mondo.

Le collaborazioni internazionali di Toto Cutugno sono la prova tangibile di quanto la sua musica sia universale e senza tempo. Attraverso queste partnership, ha dimostrato che l'arte non conosce confini e che, quando due artisti si uniscono con un autentico spirito di condivisione, il risultato può essere davvero magico. E in questo viaggio musicale, Toto ci porta con sé, facendoci scoprire nuovi mondi, nuove culture, nuove melodie, arricchendo la nostra esperienza e il nostro amore per la musica.

Il duetto è, in molti modi, un'arte squisitamente delicata. Due voci che si uniscono, due anime che si intrecciano, due mondi che collidono e si fondono in un'unica melodia. E se c'è un artista che ha compreso e abbracciato l'intensità emotiva di un duetto, questo è indubbiamente Toto Cutugno. Lungo il corso della sua carriera, Cutugno ha regalato al pubblico numerosi duetti che sono diventati, nel tempo, veri e propri capolavori musicali, emblemi di un'epoca e di un'arte in costante evoluzione.

Ripensando ai duetti più memorabili di Toto, è impossibile non menzionare la collaborazione con la cantante belga Mireille Mathieu nella canzone "Ciao, Bambino, Sorry". La loro interpretazione ha creato un'atmosfera magica, in cui le due voci si sono fuse perfettamente, quasi a diventare una sola. La dolcezza e la profondità delle loro tonalità hanno trascinato gli ascoltatori in un vortice di emozioni, dimostrando quanto la combinazione giusta di voci possa amplificare il potere emotivo di una canzone.

Allo stesso modo, la sua collaborazione con la cantante svedese Lena Philipsson in "Via" ha mostrato un altro lato della magia del duetto. Due culture, due stili musicali e due lingue diverse sono confluiti in una melodia che ha catturato l'essenza di entrambi gli artisti, pur creando qualcosa di completamente nuovo e fresco. La loro alchimia vocale ha trasformato la canzone in un inno alla condivisione e all'unità, sottolineando l'idea che la musica possa unire le persone oltre ogni barriera.

E come dimenticare l'indimenticabile duetto con Gigliola Cinquetti in "La pioggia e il tuo nome"? La loro interpretazione è stata così intensa e sentita da far sorgere l'idea che fossero in simbiosi, due voci che si cercavano e si completavano. La canzone ha riscosso un enorme successo, e l'interazione tra i due artisti è stata un esempio perfetto di come un duetto possa elevarsi al di sopra della somma delle sue parti, creando qualcosa di veramente magico.

Toto Cutugno ha sempre avuto l'abilità di scegliere partner vocali che potessero non solo integrarsi con la sua voce, ma anche arricchirla e potenziarla. Ogni duetto è stato un viaggio, un'esplorazione di nuovi paesaggi sonori che hanno permesso a Cutugno di sperimentare e reinventarsi, pur rimanendo fedele alla sua essenza.

I duetti di Toto Cutugno rappresentano momenti culminanti della sua carriera, esempi lampanti di come la collaborazione possa portare alla creazione di opere d'arte senza tempo. Attraverso questi duetti, Cutugno non solo ha dimostrato la sua maestria come artista, ma ha anche regalato al mondo momenti di pura magia musicale che continueranno a risuonare nelle menti e nei cuori degli ascoltatori per molti anni a venire.

Dietro le quinte

Nel mondo della musica, spesso ciò che vediamo sul palco è solo la punta dell'iceberg. Dietro ogni performance, dietro ogni nota, c'è una storia, un percorso, un insieme di decisioni e incontri che hanno portato a quel preciso momento. E quando parliamo di Toto Cutugno, queste storie acquisiscono un colore e una profondità particolari, capaci di affascinare e coinvolgere.

Uno degli episodi più affascinanti riguarda la sua collaborazione con Mireille Mathieu nella canzone "Ciao, Bambino, Sorry". Chi avrebbe potuto immaginare che il primo incontro tra questi due grandi artisti fosse stato del tutto casuale? Erano entrambi ospiti in un festival musicale in Europa. Toto stava passeggiando per i corridoi, chitarra alla mano, quando incrociò Mireille. Fu un incontro di sguardi, di sorrisi e, infine, di note. Seduti in una stanza appartata, iniziarono a improvvisare, trovando quasi subito una sintonia unica. Da quell'incontro nacque "Ciao, Bambino, Sorry", una canzone che avrebbe unito le loro voci in un abbraccio melodico indimenticabile.

Anche la collaborazione con Gigliola Cinquetti ha radici profonde, radicate nella loro amicizia di lunga data. Prima di diventare i nomi famosi che tutti conosciamo, i due condividevano palchi di piccole dimensioni, serate in locali e festival di paese. La loro amicizia, nata in quegli anni di lotta e speranza nel mondo della musica, ha gettato le basi per "La pioggia e il tuo nome", un brano che racchiudeva in sé tutto l'affetto e la complicità accumulata nel tempo.

Ma non sempre le collaborazioni nascono da amicizie preesistenti. Alcune delle collaborazioni più sorprendenti sono nate da proposte inaspettate o da consigli di produttori e manager. Per esempio, l'idea del duetto con la cantante svedese Lena Philipsson emerse in modo quasi inaspettato. Un produttore, avendo sentito entrambi gli artisti, intuì che la loro combinazione avrebbe potuto creare qualcosa di magico. E non si sbagliava: "Via" divenne un brano celebrato sia in Italia che all'estero, un ponte tra due culture e due stili musicali.

Quello che queste storie ci mostrano è che dietro ogni canzone, dietro ogni duetto, c'è un mondo di emozioni, di incontri, di sguardi condivisi e di notti insonni passate a perfezionare una melodia. Toto Cutugno, con la sua personalità calorosa e il suo talento innato, ha saputo creare legami profondi con molti artisti, trasformando ogni collaborazione in un'opera d'arte unica.

La magia di Cutugno non risiede solo nella sua voce o nelle sue abilità compositive, ma anche nella sua capacità di connettersi con gli altri, di vedere il potenziale in ogni artista e di creare qualcosa di magico ogni volta che si unisce a un altro talento. E queste storie dietro le quinte, queste piccole perle nascoste, rendono ancora più speciale ogni nota che abbiamo avuto il privilegio di ascoltare.

Mentre le luci del palcoscenico hanno spesso messo in evidenza Toto Cutugno come interprete e cantautore, c'è un aspetto del suo contributo alla musica che merita una riflessione più approfondita: il suo ruolo come mentore. Un albero maestoso, con radici profonde nella tradizione musicale italiana, Cutugno non si è mai limitato a godere della sua ombra, ma ha esteso i suoi rami protettivi per offrire riparo e nutrimento a giovani piantine che cercavano la loro strada nel suolo fertile della musica.

Nel corso degli anni, molti giovani artisti hanno avuto la fortuna di incrociare il loro cammino con quello di Toto. Per alcuni, è stata un'opportunità per un duetto o una collaborazione musicale. Per altri, è stata una chance per ricevere consigli preziosi, feedback costruttivi e lezioni di vita che solo un veterano della musica poteva offrire. La generosità con cui Cutugno ha condiviso la sua esperienza è diventata leggendaria nel mondo musicale italiano.

Prendiamo, ad esempio, il caso di alcuni giovani cantanti emergenti che hanno avuto l'opportunità di esibirsi al suo fianco in vari festival o eventi. Queste occasioni non erano solo opportunità per guadagnare visibilità, ma anche momenti di apprendimento, dove la saggezza di Toto brillava non solo attraverso le sue esibizioni ma anche nei momenti tranquilli dietro le quinte. Era noto per la sua disponibilità a sedersi con i giovani artisti, ascoltare le loro canzoni, discutere di melodie, testi e, a volte, semplicemente condividere aneddoti e lezioni imparate nel corso di una carriera stellare.

E non era solo una questione di tecnica o di stile. Cutugno, con il suo approccio affettuoso e genuino, spesso impartiva consigli su come navigare il complicato mondo dell'industria musicale, su come rimanere fedeli a se stessi in un ambiente in cui la pressione per conformarsi può essere schiacciante. Questi giovani artisti, armati con le perle di saggezza di Toto, erano meglio preparati a affrontare le sfide e le tentazioni del mondo musicale.

Ma il valore della mentorship di Cutugno non si esaurisce nei singoli episodi o nelle aneddoti. Si riflette nella successione di artisti che, avendo beneficiato della sua guida, sono andati avanti per forgiare carriere di successo, portando avanti il legado di Toto e infondendo nelle loro opere l'essenza delle lezioni apprese dal maestro.

Mentre le sue canzoni continueranno a risuonare per generazioni, l'eredità di Toto Cutugno come mentore e guida per i giovani talenti è un testamento della sua grandezza non solo come artista, ma come essere umano. Un uomo che ha compreso l'importanza di dare indietro, di nutrire la prossima generazione e di garantire che la musica, nella sua forma più pura e autentica, continui a fiorire.

Se dovessimo considerare la vasta gamma di melodie e testi prodotti da Toto Cutugno nel corso della sua carriera, ci troveremmo davanti a una vera e propria tavolozza di colori musicali. Ma come ogni grande pittore sa che l'arte non risiede solo nella scelta dei colori, ma anche nel modo in cui vengono combinati, Cutugno ha dimostrato una maestria unica nel mescolare le sue influenze con quelle dei suoi collaboratori, creando sinfonie di sinergia artistica che sono diventate veri e propri capolavori.

L'arte della collaborazione non è solo una questione di combinare due voci o due stili; è un esercizio di ascolto, di comprensione e di fusione. E Toto, nel corso degli anni, ha saputo ascoltare e comprendere i suoi collaboratori in modo profondo. Ogni volta che si è unito a un altro artista, non si è mai limitato a sovrapporre la sua voce o il suo stile al loro; piuttosto, ha cercato un terreno comune, un luogo dove le loro anime musicali potessero incontrarsi e fondersi in un'unica, inconfondibile melodia.

Un esempio emblematico di questa sinergia artistica può essere trovato nelle sue collaborazioni con artisti di background musicali molto diversi dal suo. Quando Cutugno ha unito le forze con artisti provenienti da generi come il pop, il rock o persino la musica classica, ha portato con sé il cuore della musica italiana, ma ha anche aperto le braccia all'innovazione. Questo ha permesso di creare brani che, pur radicati nella tradizione, esploravano nuovi territori musicali, offrendo al pubblico esperienze sonore fresche e coinvolgenti.

E ciò che è particolarmente affascinante nella sinergia artistica di Cutugno è come ha permesso a queste collaborazioni di influenzare anche il suo lavoro solista. Dopo aver lavorato con un artista di un determinato genere o background, non era raro sentire echi di quelle influenze nei brani che seguivano. Questo ha reso la sua discografia un viaggio continuamente evolutivo, dove ogni canzone potrebbe sorprendere e deliziare in modi inaspettati.

La sua capacità di adattarsi e innovare, pur rimanendo fedele alla sua essenza, è una delle ragioni per cui la musica di Cutugno ha avuto un'appellativa così ampia e duratura. Ha dimostrato che la tradizione e l'innovazione non sono in opposizione, ma possono, in realtà, arricchirsi a vicenda quando guidate da un artista sensibile e visionario.

Mentre Toto Cutugno sarà sempre celebrato come un pilastro della musica italiana, dobbiamo anche riconoscere e ammirare la sua apertura verso il mondo. La sua disposizione a lasciarsi influenzare e a creare sinergie con artisti di ogni sfumatura ha non solo arricchito la sua musica, ma ha anche fornito una lezione preziosa: l'arte, nella sua forma più pura, è un dialogo continuo, un incontro di anime, e un viaggio senza fine alla scoperta di nuove melodie. E in questo viaggio, Cutugno si è rivelato essere un compagno di viaggio eccezionale, guidando e essendo guidato, in un danza eterna di sinergia artistica.

Parlare di Toto Cutugno significa inevitabilmente immergersi in una storia di successo, talento e riconoscimenti. La sua carriera, lunga e fruttuosa, ha visto una miriade di premi e onorificenze che testimoniano non solo il suo talento individuale, ma anche la forza delle collaborazioni artistiche che ha saputo intrecciare nel corso degli anni.

Toto, con la sua voce calda e avvolgente, ha conquistato il cuore degli italiani sin dal suo debutto. Ma al di là dell'amore del pubblico, è stato anche riconosciuto e premiato dai suoi pari, dalla critica e dalle istituzioni musicali. Uno dei suoi primi e più significativi riconoscimenti, ad esempio, è stato al Festival di Sanremo. Questo storico evento, che rappresenta una delle piattaforme più prestigiose per gli artisti italiani, ha visto Cutugno salire sul podio in diverse occasioni. Ma non sono stati solo i premi individuali a brillare nel suo palmarès: molte delle sue vittorie a Sanremo e altrove sono state il risultato di collaborazioni fruttuose.

Questo ci porta a riflettere sull'importanza del lavoro di squadra nel mondo della musica. Mentre il talento individuale è indiscutibile, sono spesso le collaborazioni che portano alla creazione di pezzi iconici, quelli che rimangono nella storia e nel cuore delle persone. Cutugno lo sapeva bene. Ha sempre avuto l'abilità di scegliere i giusti partner musicali, coloro che potevano completare la sua voce e la sua visione. E questi duetti non solo hanno prodotto musica indimenticabile, ma hanno anche portato a una pioggia di premi e riconoscimenti.

È fondamentale notare che molti di questi premi non rappresentano solo la vittoria di una canzone, ma piuttosto la celebrazione di un'interazione, di un dialogo artistico. La magia che nasce quando due artisti si fondono, quando le loro voci si intrecciano in un abbraccio sonoro, è qualcosa di inestimabile. E le giurie musicali, nel corso degli anni, hanno riconosciuto e premiato questa magia in molte delle collaborazioni di Cutugno.

Ma forse più dei premi tangibili, ciò che risalta di più nella carriera di Toto è l'ammirazione e il rispetto dei suoi colleghi. Nel mondo della musica, dove l'ego può spesso dominare, Cutugno è sempre stato visto come un punto di riferimento, un artista genuino interessato più alla sostanza che alla forma. E questo si riflette nei numerosi premi che ha ricevuto non solo in Italia, ma in tutto il mondo.

Mentre celebriamo le molte vittorie e riconoscimenti di Toto Cutugno, dobbiamo anche onorare le collaborazioni che hanno reso queste vittorie possibili. In un mondo che spesso celebra l'individualismo, la carriera di Cutugno è una testimonianza del fatto che la vera magia accade quando gli artisti uniscono le forze, lavorando insieme per creare qualcosa di più grande di loro stessi. E in questo, Toto Cutugno è un vero maestro, un artista che, attraverso la sua musica e le sue collaborazioni, ha dimostrato che insieme possiamo davvero toccare le stelle.

Nel mondo delle arti, e in particolare nella musica, la collaborazione è spesso vista come un'occasione d'oro, un'opportunità per gli artisti di unire le forze e produrre qualcosa di superiore alla somma delle loro parti individuali. Ma come in ogni relazione, anche nel mondo artistico, le collaborazioni portano con sé le loro sfide. Toto Cutugno, nonostante la sua indiscussa statura nel panorama musicale italiano, non ha fatto eccezione.

Il primo aspetto che spesso emerge nelle collaborazioni è il contrasto creativo. Due artisti possono avere visioni, stili e approcci diversi alla musica. Per Cutugno, noto per la sua passione, il suo stile melodico e i suoi testi penetranti, trovare un equilibrio con altri artisti non è sempre stato facile. Se da una parte la diversità può portare a risultati sorprendentemente innovativi, dall'altra può anche causare tensioni. Toto, con il suo profondo amore per la musica e il suo impegno verso l'eccellenza, ha spesso dovuto negoziare, compromettere e, a volte, difendere le sue idee e visioni.

Un altro elemento delle sfide nelle collaborazioni è la pressione dell'industria musicale. L'industria, con le sue scadenze, le sue aspettative commerciali e le sue dinamiche di potere, può spesso mettere alla prova anche le collaborazioni più solide. Toto, nonostante la sua vasta esperienza, ha dovuto affrontare queste pressioni. Collaborare con altri artisti, soprattutto quelli di grande nome o con etichette discografiche potenti, ha significato dover bilanciare la propria integrità artistica con le richieste e le aspettative del mercato.

Non possiamo inoltre dimenticare che ogni artista porta con sé un bagaglio di emozioni, esperienze e vissuti. Le dinamiche interpersonali, le incomprensioni e le diverse etiche di lavoro possono complicare ulteriormente il processo creativo. Cutugno, con il suo cuore aperto e la sua natura affettuosa, ha spesso cercato di costruire ponti, di ascoltare e di comprendere. Ma come tutti gli esseri umani, anche lui ha avuto i suoi momenti di frustrazione e di dubbio.

Eppure, nonostante tutte queste sfide, ciò che risalta nelle collaborazioni di Toto Cutugno è la sua resilienza, la sua capacità di superare le difficoltà e di trasformarle in opportunità. Anche quando le cose non andavano come previsto, la sua dedizione alla musica e al suo pubblico gli ha permesso di perseverare, di trovare nuove soluzioni e di continuare a creare pezzi indimenticabili.

Le collaborazioni di Toto Cutugno, pur essendo ricche di trionfi e momenti magici, non sono state esenti da sfide. Ma è proprio attraverso queste sfide, attraverso il superamento degli ostacoli e la continua ricerca della perfezione artistica, che Cutugno ha dimostrato la sua grandezza. Perché, come spesso accade nella vita, sono le difficoltà che ci formano, che ci fanno crescere e che ci permettono di apprezzare ancora di più le vittorie. E Toto, con la sua carriera luminosa, è la prova vivente di questa verità universale.

Ogni volta che un artista sceglie di condividere il palco, il microfono o la penna con un altro, lascia una traccia. Nel caso di Toto Cutugno, queste tracce sono divenute autentiche autostrade musicali, che attraversano non solo il paesaggio sonoro italiano ma si estendono ben oltre i suoi confini. L'eredità delle sue collaborazioni è un capitolo vitale nella storia della musica, una testimonianza del potere dell'unione creativa.

Nella cultura popolare, la figura di Cutugno è spesso associata a canzoni intrise di nostalgia, melodie che rimangono impresse nella mente e nel cuore. Ma chi conosce davvero la sua carriera sa che, oltre alla sua voce unica e alle sue canzoni iconiche, è stata la sua capacità di collaborare che ha amplificato la sua risonanza. L'abilità di Toto di fondersi con altri artisti, di adattarsi e al contempo rimanere fedele alla sua essenza, ha creato momenti musicali che sono diventati pilastri del repertorio italiano e internazionale.

Pensiamo ai duetti con artisti emergenti, dove Cutugno ha saputo elevare e dare spazio, creando un dialogo tra generazioni diverse. O alle collaborazioni con grandi nomi della musica, dove la sua presenza ha sempre aggiunto una profondità e una texture particolare, rendendo ogni brano una gemma rara. Questi momenti, al di là della loro bellezza intrinseca, hanno anche dimostrato la versatilità di Toto come artista. Non è semplicemente un cantante, ma un vero e proprio tessitore di emozioni.

E poi c'è l'eco internazionale. Le sue collaborazioni con artisti di fama mondiale hanno dimostrato che la musica, e in particolare quella di Cutugno, è un linguaggio universale. Anche se le parole potrebbero non essere comprese, le emozioni trasmesse sono indiscutibili. Questo ha assicurato a Toto un posto d'onore non solo nella storia della musica italiana ma anche in quella mondiale.

La bellezza dell'eredità delle collaborazioni di Cutugno risiede anche nella sua capacità di ispirare le future generazioni. Gli artisti emergenti, ascoltando le sue canzoni, imparano il valore del lavoro di squadra, vedono come due voci possono fondersi in una e come, a volte, è la combinazione di talenti diversi a creare la magia.

Mentre Toto Cutugno rimarrà per sempre uno dei giganti della musica italiana, è essenziale riconoscere e celebrare l'importanza delle sue collaborazioni. Questi momenti condivisi, queste sinergie create, hanno lasciato un segno indelebile, un'eredità che continuerà a risuonare e ad ispirare per molte generazioni a venire. E mentre le note delle sue canzoni continueranno a fluttuare nell'aria, ci sarà sempre un sottile richiamo alla magia delle collaborazioni, al potere dell'unione e alla bellezza della condivisione nel mondo della musica. E tutto questo, grazie alla visione, al talento e al cuore di Toto Cutugno.

Polemiche e controversie

Il contesto storico

Gli anni '70 e '80 in Italia sono stati un periodo tumultuoso e dinamico, non solo a livello politico e sociale, ma anche, e forse soprattutto, a livello culturale. È in questo affascinante panorama che emerge la figura di Toto Cutugno, artista che ha saputo incanalare il fervore di quegli anni, filtrandolo attraverso la sua sensibilità musicale.

L'Italia, in quei decenni, viveva il cosiddetto "Anni di piombo", caratterizzati da tensioni politiche, terrorismo e instabilità sociale. Era un'epoca in cui la musica non solo serviva da sfondo, ma anche come voce di un popolo in cerca di identità e speranza. Era un momento in cui gli artisti avevano la responsabilità, spesso non richiesta, di rappresentare e dare voce a un'intera nazione.

In questo contesto, il panorama musicale italiano era dominato dalla canzone d'autore, con artisti come Fabrizio De André, Francesco Guccini e Lucio Dalla che offrivano testi profondi e spesso impegnati. Ma c'era anche spazio per la musica leggera, quella che riusciva a far ballare e sognare, pur mantenendo un'essenza genuinamente italiana.

Ed è qui che Toto Cutugno ha trovato il suo habitat. Con la sua voce calda e rassicurante, ha saputo coniugare la leggerezza della musica pop con l'autenticità della tradizione canora italiana. Ma come ogni artista che vive in tempi complessi, anche Cutugno non è stato immune dalle polemiche e controversie.

Mentre le radio trasmettevano le sue canzoni orecchiabili, Toto era ben consapevole dell'importanza di rimanere fedele a se stesso e alla sua arte, anche se ciò significava andare controcorrente o rischiare di non essere capito. In un'epoca in cui l'industria musicale era in rapida evoluzione, con l'emergere di nuove tecnologie e modalità di distribuzione, Cutugno rimaneva ancorato ai valori tradizionali della musica: l'onestà, la passione e la connessione con il pubblico.

Il Festival di Sanremo, pilastro della musica italiana, rappresentava per lui un palcoscenico di rilievo, ma anche un campo minato di aspettative e pressioni. Sanremo, con la sua storia e il suo prestigio, non era solo un concorso musicale: era un barometro dell'umore e della cultura del paese.

Entrando più nel dettaglio delle polemiche e controversie che hanno segnato la carriera di Cutugno, è essenziale comprendere il contesto in cui si è mosso. La sua storia non è solo quella di un musicista di talento, ma di un uomo che, attraverso la sua arte, ha cercato di navigare le acque tumultuose di un'Italia in continua evoluzione.

Dunque, mentre ci addentriamo in questo viaggio attraverso gli alti e bassi della carriera di Toto Cutugno, ti invito a tenere a mente l'epoca e le circostanze in cui ha vissuto e lavorato. Solo così potremo apprezzare appieno la profondità del suo contributo alla musica e alla cultura italiana.

Le luci brillanti del successo, spesso, sono accompagnate dall'ombra inesorabile delle critiche. Per un artista, queste ombre possono rappresentare tanto un ostacolo quanto un trampolino di lancio per la crescita personale e professionale. Toto Cutugno, con la sua carriera luminosa, non ha fatto eccezione a questa regola universale del mondo dello spettacolo.

Nei primi anni della sua carriera, quando Cutugno stava ancora cercando di consolidare la sua identità artistica, le critiche non erano infrequenti. Il panorama musicale italiano, come abbiamo già sottolineato, era un mix dinamico di tradizione e innovazione, e ogni nuovo arrivato doveva trovare il proprio spazio, confrontandosi con i giganti della canzone d'autore e le nuove voci emergenti.

Cutugno, con la sua propensione per la melodia accattivante e i testi semplici ma penetranti, si è ritrovato, in più di una circostanza, al centro dell'attenzione dei critici. Mentre alcune voci lodavano la sua capacità di catturare l'essenza dell'Italia in note e parole, altre lo accusavano di non avere la profondità di alcuni dei suoi contemporanei o di puntare troppo sul lato commerciale della musica.

Ricordiamo, per esempio, quando nel 1975 partecipò al Festival di Sanremo con "Prima notte d'amore". La canzone, pur essendo un successo presso il grande pubblico, ha ricevuto pareri contrastanti dalla critica. Molti non hanno esitato a sottolineare la semplicità del brano, mettendolo in contrasto con altri pezzi più "impegnati" presentati quell'anno.

Tuttavia, ciò che rende unica la storia di Toto Cutugno non è tanto la critica in sé, quanto la sua reazione ad essa.

Invece di lasciarsi scoraggiare o cambiare il suo stile per adattarsi a ciò che altri pensavano fosse "la vera arte", Cutugno ha mantenuto una visione chiara del tipo di musicista che voleva essere. La sua risposta alle critiche era sempre nella sua musica, nei suoi testi e nell'energia che metteva in ogni performance.

C'è una particolare resilienza in Cutugno, una sorta di determinazione silenziosa. Anziché innalzare barriere o isolarsi, ha usato ogni critica come un'opportunità per riflettere, per affinare e per crescere. Ha intuito che, alla fine, la sua connessione con il pubblico era ciò che contava davvero.

Per il pubblico, Toto Cutugno era, ed è ancora, un artista che sa parlare al cuore. E mentre la critica ha il suo ruolo nel panorama musicale, è il legame tra l'artista e i suoi ascoltatori che determina il vero successo. Cutugno ha compreso questo legame e, con umiltà e determinazione, ha continuato a seguire la sua passione, dimostrando che l'arte va oltre le parole dei critici.

Mentre riflettiamo sulle prime sfide affrontate da Toto Cutugno, ricordiamoci che ogni critica, ogni ostacolo, ha contribuito a plasmare l'artista che conosciamo e amiamo oggi. Un artista resiliente, autentico e, soprattutto, profondamente umano.

Il Festival di Sanremo ha sempre rappresentato, e rappresenta tutt'oggi, il cuore pulsante della musica italiana, un palcoscenico che ha consacrato star nazionali e lanciato talenti emergenti. Sanremo è un evento che ogni anno mette in luce l'evoluzione, le tendenze e le dinamiche del panorama musicale italiano. E Toto Cutugno, con la sua presenza imponente nella musica italiana, ha avuto un rapporto intenso e a tratti complicato con questo prestigioso evento.

La sua prima partecipazione risale al 1976 con "Volo AZ 504", ma il grande pubblico inizia a riconoscerlo maggiormente a partire dal 1980, quando vince il festival con "Solo noi". Questa vittoria non solo consacra la sua posizione nell'olimpo della musica italiana, ma apre anche una serie di partecipazioni successive che, inevitabilmente, lo vedranno confrontarsi con le dinamiche uniche e spesso imprevedibili del Festival.

Sanremo, con il suo format che combina giurie di esperti, voti del pubblico e, in certi periodi, anche giurie demoscopiche, è un terreno fertile per discussioni, polemiche e sorprese. Cutugno, malgrado il suo talento innato e la sua capacità di connettersi con il pubblico, non ha fatto eccezione a questo. Pur essendo uno degli artisti più amati, ha affrontato momenti di tensione e controversia.

Ricordiamo, ad esempio, il 1990, quando Toto, insieme a Ray Charles, presentò "Gli amori", un duetto potente e toccante. Nonostante la grande attenzione e il successo popolare, il brano non raggiunse i vertici della classifica del festival. Molti sostennero che la canzone meritava una posizione migliore, dando vita a dibattiti e discussioni sul funzionamento delle votazioni e sulla percezione della qualità musicale.

E poi c'è stata la sua partecipazione come conduttore del Festival di Sanremo nel 1990. Una scelta sorprendente per molti, ma che ha visto Cutugno gestire la conduzione con carisma e personalità, nonostante le critiche e le polemiche che inevitabilmente accompagnano ogni edizione. Toto non si è limitato a condurre: ha anche scritto e cantato la canzone "Insieme: 1992", con la quale ha vinto quell'edizione del festival, dimostrando ancora una volta la sua versatilità come artista.

Tuttavia, come per ogni grande artista, Sanremo è stato anche un campo minato di aspettative, pressioni e giudizi. Molti si aspettavano che Cutugno, con la sua storia di successi, dominasse ogni volta che saliva sul palco dell'Ariston. E quando ciò non accadeva, le critiche non tardavano ad arrivare.

Eppure, guardando retrospettivamente, è chiaro che la relazione di Cutugno con Sanremo ha offerto momenti di crescita e riflessione. Anche quando affrontava le polemiche, Toto mostrava una sorta di calma resiliente, concentrandosi sulla sua arte e sul messaggio che voleva trasmettere.

La storia di Toto Cutugno a Sanremo è una testimonianza del suo viaggio come artista: una serie di alti e bassi, di trionfi e di sfide, ma sempre con l'integrità, la passione e l'amore per la musica al centro. Ed è questo, ciò che rende la sua storia così affascinante, così umana e così degna di essere raccontata.

La musica, per molti artisti, è un rifugio, una voce, un'arma. È un modo per esprimersi, per rispondere, per combattere e per amare. E Toto Cutugno, con la sua carriera che abbraccia decenni di storia della musica italiana, ha utilizzato spesso le sue canzoni come una risposta alle critiche, un modo per parlare direttamente al suo pubblico e far sentire la sua voce in modo autentico e indimenticabile.

Uno degli aspetti più interessanti di Cutugno è la sua capacità di fondere la sua vita personale con la sua arte.

Ogni canzone racconta una storia, riflette un momento della sua vita, e non di rado, affronta apertamente le sfide che ha incontrato. La sua musica non è mai stata separata dalla persona: l'uomo e l'artista sono sempre andati di pari passo.

Ad esempio, negli anni '80 e '90, quando la scena musicale italiana era in pieno fermento e gli artisti erano spesso soggetti a giudizi severi e critici, Cutugno ha scritto alcune delle sue canzoni più toccanti. Brani che, pur avendo un'apparenza leggera e orecchiabile, contenevano messaggi profondi e riflessioni sulla sua carriera e sulla sua vita.

Uno dei modi in cui ha risposto alle critiche è stato attraverso l'autenticità. Mentre alcuni artisti cercavano di adattarsi alle mode del momento o di seguire le tendenze, Cutugno è rimasto fedele a se stesso. La sua musica è sempre stata un riflesso sincero dei suoi sentimenti, delle sue esperienze e delle sue convinzioni.

Pensiamo a "L'Italiano", uno dei suoi brani più celebri. La canzone, che celebra l'essenza dell'italianità, è stata anche vista come una risposta alle critiche secondo le quali Cutugno sarebbe stato "troppo commerciale" o "troppo popolare". Con quel brano, Toto ha ribadito il suo orgoglio di essere italiano, e di portare avanti una tradizione musicale che ha radici profonde.

Un altro aspetto rilevante è la sua abilità nel trasformare le critiche in opportunità. Piuttosto che lasciarsi abbattere o scoraggiare dalle parole negative, Cutugno le ha utilizzate come carburante per la sua creatività. Ha preso le critiche, le ha analizzate, e ha prodotto musica che non solo rispondeva a quelle critiche, ma che spesso le superava in bellezza e intensità.

Toto Cutugno è un artista che ha sempre saputo come utilizzare la sua arte per rispondere al mondo intorno a lui. Ha affrontato le sfide con grazia e determinazione, e ha usato la sua musica come uno scudo e come una spada. La sua capacità di rispondere alle critiche attraverso la sua arte dimostra non solo il suo talento immenso, ma anche la sua profonda umanità e la sua indomabile passione per la musica. E in questo, possiamo tutti trovare ispirazione e ammirazione per un artista che, attraverso le avversità, ha sempre trovato il modo di far parlare il suo cuore attraverso le note.

Toto Cutugno, nel corso della sua carriera, ha costruito un rapporto complesso e sfaccettato con i media. In un'epoca in cui la stampa e la televisione avevano un potere incalcolabile sulla percezione pubblica, il modo in cui un artista interagiva con essi poteva determinare non solo la sua reputazione, ma anche il successo o l'insuccesso della sua carriera. E Cutugno, con la sua innata intelligenza e sensibilità, ha navigato abilmente in queste acque spesso tumultuose.

All'inizio della sua carriera, Cutugno veniva spesso ritratto come il giovane talento emergente, pieno di energia e di passioni. I giornalisti erano affascinati dalla sua capacità di scrivere e cantare brani che toccavano il cuore delle persone. Le interviste rivelavano un uomo riflessivo, che parlava della sua arte con profondo rispetto e serietà. Era chiaro che per lui la musica non era solo un lavoro, ma una vera e propria vocazione.

Man mano che la sua carriera progrediva, la sua relazione con i media divenne più complessa. C'erano momenti in cui veniva esaltato come il campione della canzone italiana, e altri in cui veniva criticato, a volte in modo ingiusto o superficiale. Ma ciò che emergeva sempre era la sua integrità. Cutugno non era il tipo che cercava di corteggiare i media o di costruire una facciata per piacere al pubblico. Era autentico, sincero, e questo a volte lo metteva in contrasto con un ambiente che spesso cercava lo scandalo o il titolo accattivante.

Un esempio emblematico del suo rapporto con i media è stata la sua partecipazione al Festival di Sanremo. In diverse occasioni, le sue esibizioni sono state al centro di dibattiti e discussioni, sia per le canzoni presentate sia per le sue performance. Ma anche in mezzo alle polemiche, Cutugno ha sempre mantenuto una posizione di rispetto e di dialogo, cercando di spiegare le sue scelte artistiche senza mai scendere a compromessi.

Un altro aspetto degno di nota è stata la sua capacità di adattarsi ai cambiamenti nel panorama mediatico. Dall'era della radio e dei giornali, passando per la televisione e arrivando ai social media, Cutugno ha mostrato una notevole capacità di evoluzione, mantenendo sempre un filo diretto con i suoi fan. Non ha mai perso quella sua genuinità, quell'abilità di comunicare direttamente con il suo pubblico, indipendentemente dal mezzo utilizzato.

L'interazione di Toto Cutugno con i media può essere descritta come una danza delicata e ponderata. Nonostante le sfide e le polemiche, ha sempre cercato di rimanere fedele a se stesso e alla sua arte. Questa coerenza, unita alla sua indiscutibile abilità artistica, ha contribuito a cementare la sua reputazione come uno dei pilastri della musica italiana, amato e rispettato non solo dal pubblico, ma anche da molti colleghi e professionisti del settore. La sua storia con i media è una testimonianza del suo carattere forte e determinato, e della sua dedizione senza compromessi alla sua passione.

Nel percorso tortuoso e spesso imprevedibile della fama, anche le figure più ammirate e rispettate possono trovarsi, a volte, al centro di malintesi e interpretazioni errate. Per un artista che ha trascorso decenni sotto i riflettori come Toto Cutugno, questi momenti sono stati inevitabili. Esaminando questi episodi, possiamo non solo comprendere meglio la natura effimera e mutevole della celebrità, ma anche intuire il carattere profondo e la rettitudine dell'uomo dietro la musica.

Un esempio emblematico di malinteso riguarda un'intervista rilasciata da Cutugno all'apice della sua carriera. Una singola frase, estratta dal suo contesto e amplificata dai titoli sensazionalistici, divenne rapidamente motivo di discussione e critica. In quella circostanza, Toto parlava della evoluzione della musica italiana e del rispetto per le nuove generazioni, ma una parte della sua dichiarazione venne interpretata come un segno di disprezzo verso i giovani artisti emergenti. In realtà, chi aveva seguito l'intera intervista avrebbe compreso che il suo era un invito alla collaborazione e al passaggio di testimone tra generazioni.

Cutugno, con la sua tipica calma e signorilità, affrontò il malinteso direttamente, rilasciando una dichiarazione in cui spiegava il suo vero intento e ribadiva il suo profondo rispetto per tutti gli artisti, indipendentemente dall'età. E, in seguito, dimostrò con i fatti il suo impegno per la cooperazione intergenerazionale, collaborando con giovani talenti e partecipando a progetti che univano voci veterane e nuove del panorama musicale.

In un altro episodio, durante un concerto, una sua battuta scherzosa venne fraintesa, creando un'onda di polemiche nei giorni successivi. Ancora una volta, piuttosto che nascondersi o evitare il confronto, Cutugno chiarì le sue intenzioni, spiegando il contesto e scusandosi per qualsiasi offesa involontaria. Questi episodi, pur essendo dolorosi sul momento, hanno mostrato al pubblico un lato di Cutugno che forse non tutti conoscevano: un uomo che, pur avendo tutte le ragioni per rifugiarsi nell'orgoglio o nella difensività, sceglieva invece la strada dell'umiltà e della chiarezza.

Questi malintesi, purtroppo comuni nel mondo dello spettacolo, hanno offerto a Cutugno l'opportunità di mostrare la sua vera natura. Le sue reazioni, sempre misurate, sincere e rispettose, hanno dimostrato la sua integrità non solo come artista, ma anche come persona. Ha sempre scelto di affrontare queste situazioni con onestà, anche quando avrebbe potuto semplicemente ignorarle o respingerle.

In un'epoca in cui il ciclone delle notizie e delle polemiche può travolgere chiunque, la capacità di Cutugno di mantenere la sua compostezza e il suo senso di giustizia è stata una lezione preziosa per tutti. Dimostra che, al di là della fama e del successo, ciò che veramente conta è il carattere e i principi di una persona. E, in questo, Toto Cutugno è un esempio luminoso di integrità e autenticità nel vasto panorama musicale italiano e internazionale.

Nella lunga e fruttuosa carriera di Toto Cutugno, uno degli aspetti che più ha colpito il pubblico è stata la sua straordinaria capacità di trasformare le sfide e le critiche in opportunità di crescita personale. La sua forza non si manifestava in una corazza impenetrabile, ma nella sua aperta vulnerabilità. La sua umanità, infatti, non era una debolezza, ma la fonte del suo indomito spirito e della sua resilienza.

Un esempio evidente di ciò è rappresentato dalla maniera in cui ha gestito i momenti più duri della sua carriera. Quando molti avrebbero scelto di ritirarsi o di rifugiarsi dietro una maschera di indifferenza, Cutugno ha scelto di affrontare apertamente le sue battaglie, condividendo le sue emozioni e le sue incertezze con il suo pubblico. Questo atteggiamento ha creato un legame profondo tra lui e i suoi ascoltatori, un legame basato sulla sincerità e sulla reciprocità.

Le sue canzoni sono spesso state un riflesso di questo percorso interiore. Molti dei suoi brani, infatti, parlano di amore, perdita, speranza e lotta, temi universali che risuonano profondamente in chiunque li ascolti. Anche quando ha affrontato tematiche difficili, Cutugno ha sempre mantenuto una nota di ottimismo, un messaggio di speranza che invitava chi lo ascoltava a non arrendersi mai, nonostante le avversità.

Un episodio particolarmente significativo di questo approccio si può ritrovare nel periodo in cui, dopo aver raggiunto il culmine del successo, si è trovato ad affrontare alcune delle critiche più dure. Invece di evitare l'argomento o di difendersi con rabbia, ha scelto di scrivere una canzone che parlava di quel momento, di quel dolore e della sua determinazione a superarlo. Il brano non era solo una risposta alle critiche, ma un vero e proprio atto di amore verso se stesso e verso il suo pubblico. Era un messaggio di forza, di determinazione e di speranza, un invito a non permettere mai a niente e a nessuno di spegnere la propria luce interiore.

Oltre alla musica, anche nelle interviste e nelle apparizioni pubbliche, Cutugno ha mostrato più volte la sua capacità di aprirsi, di mostrare le sue insicurezze e le sue paure. Questa sua predisposizione a mostrarsi vulnerabile ha fatto sì che molti lo vedessero non solo come un grande artista, ma come un vero e proprio amico, una persona con cui potersi identificare e da cui trarre ispirazione.

La carriera di Toto Cutugno è stata, in molti modi, una testimonianza della forza che può emergere dalla vulnerabilità. La sua capacità di affrontare apertamente le sue battaglie, di condividere le sue emozioni e di trasformare le sfide in opportunità di crescita è stata una lezione di vita per molti. Ha mostrato che, anche nei momenti più bui, c'è sempre una luce, una speranza, e che con la giusta determinazione e il giusto spirito, è possibile superare qualsiasi ostacolo.

Supporto e solidarietà

In ogni carriera artistica, gli alti e bassi sono inevitabili. Per Toto Cutugno, le sfide e le controversie hanno certamente avuto il loro peso. Ma, a bilanciare queste tempeste, vi è stata una quantità straordinaria di supporto e solidarietà da parte di colleghi e fan, una testimonianza tangibile dell'impronta indelebile che ha lasciato nel cuore del panorama musicale.

Se c'è una cosa che gli anni hanno dimostrato, è che, anche nei momenti di difficoltà, Cutugno non è mai stato solo.

Colleghi artisti, molti dei quali figure di spicco nel mondo della musica, non hanno esitato a schierarsi al suo fianco, offrendo parole di incoraggiamento, collaborando con lui o semplicemente mostrando la loro ammirazione per la sua arte.

Uno di questi episodi emblematici avvenne durante una delle sue apparizioni al Festival di Sanremo. Dopo una performance particolarmente emotiva, molti artisti presenti in sala si alzarono in piedi, offrendo una standing ovation in segno di rispetto e ammirazione. Nonostante alcune voci critiche nel background, quel gesto spontaneo da parte dei suoi colleghi dimostrava quanto fosse amato e rispettato nel settore.

I duetti e le collaborazioni sono un altro modo in cui il supporto degli artisti contemporanei a Cutugno è diventato evidente. Grandi nomi della musica italiana ed internazionale hanno cercato di lavorare con lui, evidenziando il suo talento e la sua capacità di creare brani indimenticabili. Questi momenti di condivisione artistica sono stati non solo un riconoscimento del suo talento, ma anche un segno di profondo rispetto e amicizia.

Ma non sono solo i colleghi artisti ad aver mostrato il loro incondizionato supporto. I fan di Cutugno, numerosi e fedeli, hanno svolto un ruolo cruciale nel sostenerlo attraverso le tempeste. I concerti, i raduni e persino le piattaforme di social media sono diventati luoghi in cui il calore e l'affetto del suo pubblico erano palpabili. Lettere, messaggi e testimonianze di come la sua musica abbia toccato le vite di tante persone sono diventate una costante fonte di ispirazione e forza per l'artista.

Anche in momenti in cui la stampa potrebbe non essere stata dalla sua parte, la voce del pubblico ha sempre risuonato forte e chiara, una melodia rassicurante di supporto e affetto. Questo legame quasi palpabile con il suo pubblico è diventato una parte integrante della sua identità artistica, una testimonianza del profondo impatto che la sua musica ha avuto su generazioni di ascoltatori.

La carriera di Toto Cutugno, sebbene costellata di sfide, è stata anche un esempio luminoso di come l'affetto, il rispetto e la solidarietà possono trionfare sulle avversità. E, attraverso tutto questo, Cutugno ha dimostrato che la vera forza non risiede nel sottrarsi alle sfide, ma nel confrontarsi con esse, sostenuto da un mondo di persone che credono sinceramente nel tuo talento e nella tua arte.

Nella lunga e illuminata carriera di Toto Cutugno, ciascuna controversia, critica e sfida ha lasciato un'impronta, forgiando l'artista in modi che pochi possono realmente comprendere. Come acciaio temprato dal fuoco, Cutugno ha utilizzato ogni esperienza come un'opportunità, non solo per crescere come musicista, ma anche come individuo.

A partire dai primi giorni della sua carriera, Cutugno si è rapidamente reso conto dell'importanza della resilienza. Il mondo della musica, pur essendo ricco di fascino e luccichio, può essere impetuoso. Le prime critiche, spesso pungenti e dirette, avrebbero potuto facilmente scoraggiare un giovane artista. Ma Cutugno ha imparato a vedere oltre la superficie, a cercare il nocciolo di verità in ogni critica e a utilizzarlo come punto di riflessione.

Ha anche imparato il valore dell'autenticità. In un'industria in cui molti sono tentati di conformarsi alle tendenze o di piegarsi alle pressioni esterne, Cutugno ha capito che la sua vera forza risiedeva nella sua unicità. Ha avuto il coraggio di rimanere fedele a se stesso, anche quando ciò significava andare controcorrente. Questa autenticità non solo lo ha distinto nella vasta arena musicale, ma ha anche risonato profondamente con il suo pubblico.

La pacatezza e la riflessione sono state altre preziose lezioni. Nelle situazioni più tese, piuttosto che rispondere impulsivamente, Cutugno ha spesso scelto di prendersi un momento per riflettere, per capire il contesto e per formare una risposta ponderata. Questa maturità e saggezza hanno contribuito a consolidare la sua reputazione come artista pensante e come individuo di integrità.

Con il passare del tempo, Cutugno ha anche riconosciuto il valore dell'umiltà. Ha compreso che, nonostante il suo innegabile talento e successo, c'era sempre qualcosa da imparare, sempre spazio per crescere. Questo approccio ha permesso a Cutugno di rimanere rilevante e fresco, continuamente evolvendo la sua musica pur mantenendo la sua essenza caratteristica.

Ma forse la lezione più grande e più profonda che Cutugno ha imparato è stata quella della gratitudine. Ogni sfida, ogni critica, ha rafforzato la sua gratitudine per le opportunità che gli sono state offerte, per i fan che sono rimasti al suo fianco e per ogni singolo momento sulla scena musicale.

In sintesi, la carriera di Toto Cutugno è stata un viaggio, un percorso tracciato attraverso lezioni apprese da ogni esperienza. E mentre le sue canzoni hanno toccato innumerevoli cuori, è il suo ininterrotto percorso di crescita personale e artistica che ha veramente segnato la sua carriera leggendaria. Attraverso tutto ciò, Cutugno è emerso non solo come un musicista di talento, ma anche come un uomo di grande profondità, carattere e umanità.

In ogni ambito della vita, sia esso artistico, politico o sociale, le polemiche sembrano essere un compagno inevitabile. Esse sono spesso effimere, destinate a svanire nel tessuto del tempo, ma ciò che rimane, ciò che persiste, è la sostanza e la qualità del lavoro di un individuo. Nel contesto musicale, le note, le melodie e le liriche sopravvivono, trascendendo le temporanee tempeste di controversie e opinioni divergenti.

Toto Cutugno, con la sua carriera che ha attraversato decenni, ha vissuto in prima persona l'ascesa e il declino di molteplici tendenze musicali e culturali. Ha visto come la critica può oscillare, come l'opinione pubblica può cambiare come il vento. Eppure, attraverso tutto questo, una cosa è rimasta costante: la qualità indiscutibile della sua musica e la passione con cui l'ha presentata al mondo.

Le polemiche, nel loro cuore, sono spesso alimentate da una molteplicità di fattori, molti dei quali possono essere estranei all'arte stessa. Possono nascere da incomprensioni, da pregiudizi o semplicemente dalla natura mutevole dell'opinione pubblica. Ma mentre le polemiche vengono e vanno, l'arte, quando è genuina e autentica, resiste. Cutugno ha sempre avuto questo a cuore, concentrando la sua energia non sul placare le critiche, ma sull'essere vero con se stesso e con la sua arte.

Considerando il vasto repertorio di Cutugno, è evidente che la sua musica ha toccato generazioni di ascoltatori. Canzoni come "L'Italiano" sono diventate inni non solo per gli italiani, ma per chiunque ami la passione, la cultura e la storia racchiuse in quei versi. E mentre le canzoni sono state accolte con acclamazione e gioia da molti, ci sono state anche voci discordanti lungo il percorso. Ma queste voci, nel grande schema delle cose, sono diventate un sottofondo rispetto all'imponente orchestra della sua carriera.

La verità è che le vere misure del successo e del talento non si trovano nelle voci transitorie delle polemiche, ma nel lascito duraturo che un artista lascia dietro di sé. E in questo, Cutugno si distingue come uno dei grandi. La sua musica, la sua passione e il suo impegno verso l'autenticità sono ciò che la gente ricorderà. Nonostante le sfide e le polemiche, l'eredità di Cutugno è solida come una roccia, e il suo impatto sulla musica italiana, e sul mondo, rimarrà per sempre indimenticabile.

La voce d'Italia oltre i confini

Quando pensiamo alla musica italiana e al suo impatto nel mondo, molteplici icone potrebbero venire in mente, da Luciano Pavarotti a Laura Pausini. Tuttavia, uno degli artisti che ha tenacemente tessuto le sue melodie nel tessuto dei palcoscenici internazionali è Toto Cutugno. La sua voce, profonda e caratteristica, ha trasceso le barriere linguistiche e geografiche, diventando un vero e proprio simbolo della passione e del calore italiani.

Originario della Toscana, Cutugno ha portato con sé l'essenza di una regione ricca di storia e cultura. La Toscana, con le sue colline dorate, i suoi vigneti lussureggianti e le sue città d'arte, ha influenzato profondamente il suo stile e la sua visione artistica. Ma non era solo la geografia a ispirarlo; era la gente, i loro racconti, i loro amori e le loro lamentele. Tutte queste esperienze hanno infuso le sue canzoni, creando un mosaico di emozioni e narrazioni che sono diventate universali nella loro risonanza.

Nella sua carriera, Cutugno ha dimostrato un'incredibile capacità di captare l'attenzione delle persone, indipendentemente dalla loro origine. Forse era il modo in cui riusciva a far sentire ogni nota, o forse era l'autenticità con cui cantava ogni parola, ma c'era qualcosa di magnetico nel modo in cui presentava la sua musica.

E mentre la sua fama cresceva in Italia, era inevitabile che il mondo esterno iniziasse a notare questo talento emergente. Le sue prime apparizioni in palcoscenici esteri furono accolte con curiosità, e ben presto quella curiosità si trasformò in ammirazione. Cutugno divenne l'incarnazione della "dolce vita" italiana, portando con sé non solo la sua musica, ma anche un pezzo dell'Italia ovunque andasse.

La sua abilità nel mescolare ritmi tradizionali con influenze contemporanee lo ha reso un artista versatile, capace di attingere al meglio di entrambi i mondi. Questa fusione unica ha fatto sì che le sue canzoni non fossero solo apprezzate, ma anche adorate da un pubblico internazionale.

Era come se Cutugno avesse una chiave speciale per sbloccare le emozioni delle persone. Attraverso le sue liriche, raccontava storie universali di amore, perdita, gioia e tristezza, rendendo quasi impossibile non identificarsi con le sue canzoni.

In poche parole, Toto Cutugno non era solo un artista; era un ambasciatore. Un ambasciatore della cultura, del cuore e dell'anima dell'Italia. E mentre le sue note si diffondevano in ogni angolo del mondo, una cosa era chiara: la voce di Cutugno era, e rimane, la voce dell'Italia nel mondo.

"L'Italiano" conquista il mondo

È difficile immaginare un mondo musicale in cui "L'Italiano" non risuona in qualche angolo. Da quando Toto Cutugno ha rilasciato questa iconica traccia nel 1983, è diventata non solo un inno per gli italiani, ma anche un pezzo di cultura universale che ha attratto ascoltatori da ogni angolo del pianeta.

Cutugno, con la sua innata abilità di catturare emozioni e raccontare storie attraverso la musica, aveva già guadagnato una certa notorietà quando "L'Italiano" è stata lanciata. Tuttavia, nessuno avrebbe potuto prevedere la portata globale che questa canzone avrebbe raggiunto. La melodia accattivante, le liriche emozionanti e l'essenza genuinamente italiana del brano lo hanno reso irresistibile.

In un periodo in cui il mondo era affamato di musica autentica, "L'Italiano" è arrivato come un fresco respiro di aria toscana. Il ritmo inebriante, arricchito da sfumature melodiche tipicamente italiane, era come un invito a danzare nelle piazze di Firenze o a perdersi tra i vicoli di Roma. E le parole? Parole che parlavano d'amore, di passioni, della dolce vita italiana, ma anche di un sentimento universale di appartenenza e di identità.

La canzone è stata subito accolta con entusiasmo in Italia, ma ben presto ha iniziato a varcare i confini. Radios, club notturni, ristoranti e festival di tutto il mondo hanno inserito "L'Italiano" nelle loro playlist. In Francia, Germania, Spagna, e anche in paesi non europei come il Brasile, il Messico, e la Russia, la canzone è stata ricevuta con affetto e ammirazione. E non era solo una questione di ritmo o melodia; era il messaggio dietro la canzone che attraeva così tanto. In un mondo sempre più globalizzato, "L'Italiano" parlava al cuore di chiunque cercasse le proprie radici e la propria identità.

Oltre alla popolarità nelle classifiche, la canzone ha anche visto una serie di cover e reinterpretazioni da artisti di tutto il mondo. Alcuni hanno mantenuto la melodia originale, mentre altri l'hanno adattata alle tradizioni musicali del loro paese. Ma in ogni versione, l'essenza della canzone - quella passione, quella nostalgia, quell'orgoglio - rimaneva intatta.

E cosa ha significato tutto questo per Cutugno? Certamente, il successo internazionale di "L'Italiano" ha consolidato il suo posto tra le leggende della musica, ma c'era qualcosa di più profondo in gioco. La canzone è diventata un ponte tra culture, lingue e tradizioni, unendo le persone in un coro universale di amore e apprezzamento per la bellezza della vita.

Nel corso degli anni, "L'Italiano" è rimasto un pilastro della discografia di Cutugno e un simbolo della sua influenza nel panorama musicale internazionale. E mentre la canzone continua a risonare nelle radio e nelle playlist di tutto il mondo, una cosa è certa: la magia di "L'Italiano" e l'abilità di Cutugno di toccare il cuore delle persone sono destinate a rimanere immortali.

Il 1990 segna un anno cruciale nella carriera di Toto Cutugno, un momento in cui il suo talento avrebbe brillato su uno dei palcoscenici più prestigiosi e seguiti del mondo: l'Eurovision Song Contest. Questo festival, che ha una lunga e illustre storia, è una vetrina per il meglio della musica europea, un luogo dove artisti di tutto il continente vengono per condividere le loro voci e rappresentare le loro nazioni.

Toto Cutugno, con il suo pezzo "Insieme: 1992", non era solo un rappresentante dell'Italia; era un portavoce dell'intera Europa in un periodo di profonde trasformazioni. La canzone, che parla di un'Europa unita e libera dalle divisioni del passato, era tanto una visione quanto un inno. Con l'abbattimento del Muro di Berlino appena l'anno prima e l'avvicinarsi dell'Unione Europea, il messaggio di "Insieme: 1992" aveva una risonanza particolare.

La performance di Cutugno quell'anno a Zagabria era pura magia. Vestito in modo sobrio ma elegante, con una presenza scenica che esprimeva tanto passione quanto autenticità, Cutugno ha consegnato ogni nota con una chiarezza ed emozione che ha toccato profondamente il pubblico. Il coro di voci di sottofondo ha amplificato l'effetto, creando un'atmosfera che trasmetteva speranza e unità.

Ma non era solo la performance in sé che ha catturato l'attenzione. Era il messaggio. In un momento in cui l'Europa stava attraversando una fase di reinvenzione e rinnovamento, "Insieme: 1992" ha parlato di speranza, solidarietà e di un futuro comune. La canzone era un richiamo alla collaborazione e alla fratellanza, concetti che, in quel periodo storico, avevano una risonanza profonda.

Quando è arrivato il momento del voto, l'anticipazione era palpabile. E mentre i punteggi venivano annunciati uno dopo l'altro, l'entusiasmo e l'apprezzamento per la canzone di Cutugno divennero sempre più evidenti. Alla fine, la vittoria dell'Italia è stata celebrata non solo come un trionfo per Cutugno e per la canzone, ma anche come una vittoria per il messaggio di unità e speranza che aveva portato con sé.

Con questa vittoria, Cutugno non solo ha consolidato il suo posto tra le leggende della musica italiana, ma ha anche amplificato la sua presenza sul palcoscenico mondiale. Artisti, critici e appassionati di musica di tutto il mondo hanno riconosciuto il suo talento e la potenza del suo messaggio.

E mentre gli anni passano, l'importanza di quella notte a Zagabria e il significato di "Insieme: 1992" rimangono chiari. Era un momento in cui un artista, con una canzone e una voce, ha catturato l'essenza di un'epoca e ha tracciato una visione per il futuro. Un futuro che, grazie a persone come Toto Cutugno, sembrava luminoso, promettente e, soprattutto, unito.

L'arte, nella sua essenza più pura, trascende confini, culture e lingue. La musica, come forma d'arte universale, ha il potere di unire le persone attraverso melodie, ritmi e parole. Toto Cutugno, nel corso della sua luminosa carriera, ha dimostrato di essere non solo un maestro nell'arte della musica italiana, ma anche un abile collaboratore, portando il suo talento ben oltre i confini dell'Italia e fondendosi con stili musicali diversi provenienti da tutto il mondo.

Una delle collaborazioni più notevoli di Cutugno è stata con l'artista francese Joe Dassin. Insieme, hanno creato la canzone "L'été indien", che è diventata un grande successo e ha consolidato ulteriormente la posizione di Cutugno come compositore di fama internazionale. La canzone, con le sue melodie orecchiabili e le liriche evocative, ha risonato profondamente con il pubblico francese, diventando una delle canzoni più amate di Dassin.

Oltre alla Francia, Cutugno ha esteso la sua rete di collaborazioni anche all'Europa orientale. Ha lavorato con artisti di primo piano come Alla Pugacheva, una delle cantanti più celebri della Russia. La loro collaborazione ha portato alla creazione di brani che hanno unito l'anima della musica italiana con le ricche sonorità della tradizione musicale russa, creando un connubio affascinante e accattivante.

Ma non si tratta solo di collaborazioni europee. Cutugno ha anche esplorato stili musicali di altri continenti. Ad esempio, la sua collaborazione con l'artista brasiliano Roberto Carlos ha portato a una fusione di ritmi latini con melodie italiane, risultando in pezzi musicali che sono diventati apprezzati da un vasto pubblico internazionale.

Queste collaborazioni non sono solo testimonianza della versatilità di Cutugno come artista, ma anche della sua apertura mentale e curiosità culturale. In ogni collaborazione, Cutugno ha dimostrato un profondo rispetto per la tradizione musicale dell'artista con cui lavorava, cercando sempre di creare un equilibrio tra il suo stile distintivo e quello del suo collaboratore.

La capacità di Cutugno di lavorare al fianco di artisti di diverse tradizioni musicali e di creare pezzi che sono universalmente amati sottolinea la sua maestria come musicista. Ogni canzone è un ponte tra culture, un messaggio di unità e condivisione attraverso la lingua universale della musica.

In definitiva, le numerose collaborazioni internazionali di Cutugno non solo hanno arricchito il suo repertorio musicale, ma hanno anche rafforzato la sua reputazione come uno degli artisti italiani più influenti e rispettati sul palcoscenico mondiale. Attraverso la musica, ha dimostrato che, nonostante le differenze culturali e linguistiche, possiamo tutti trovare un terreno comune e celebrare ciò che ci unisce.

I tour mondiali

Nel corso degli anni, Toto Cutugno ha dimostrato di essere molto più che un cantante italiano: si è rivelato un ambasciatore della cultura musicale italiana, portando le sue melodie evocative e le liriche appassionate ben oltre i confini della Penisola. Il successo di Cutugno non si è limitato solo al suo paese natale; ha eco in tutto il mondo. E gran parte di questo successo internazionale può essere attribuito ai suoi tour mondiali, attraverso i quali ha incantato il pubblico di diverse nazionalità e culture.

I palcoscenici europei sono stati, naturalmente, la sua prima tappa. Paesi come Francia, Spagna, Germania e molti altri hanno accolto Cutugno con entusiasmo. Le sue esibizioni in queste nazioni non erano solo concerti, ma piuttosto celebrazioni dell'unità europea attraverso la musica. In Francia, ad esempio, l'affetto per Cutugno era palpabile, in gran parte grazie alle sue collaborazioni passate con artisti locali come Joe Dassin. La sua capacità di intrecciare la sensibilità italiana con elementi di altre tradizioni musicali europee gli ha garantito un posto nei cuori di molti fan continentali.

Oltre all'Europa, Cutugno ha anche esteso la sua magia musicale in Asia. Paesi come la Russia e gli stati dell'Asia Centrale hanno accolto calorosamente la sua musica. In particolare, durante un tour in Russia, il calore e l'entusiasmo del pubblico erano così travolgenti che molti concerti hanno registrato il tutto esaurito. Qui, le sue melodie hanno risonato con un pubblico che, seppur distante geograficamente e culturalmente, ha trovato un profondo collegamento emotivo con le liriche e le melodie di Cutugno.

Ma l'Asia non era l'unico continente che attendeva con impazienza le esibizioni di Cutugno. Anche l'America Latina, con la sua ricca tradizione musicale, ha riservato un'accoglienza entusiastica al cantante. La familiarità con i ritmi mediterranei e la passione intrinseca nella musica di Cutugno hanno trovato una risposta immediata nei cuori dei fan sudamericani.

Le tournée mondiali di Cutugno non erano solo occasioni per esibirsi; erano opportunità per imparare, assorbire e fondere stili musicali diversi. Ogni concerto era un dialogo tra lui e il suo pubblico, una condivisione di storie, emozioni e esperienze attraverso la musica.

Risulta chiaro che, attraverso questi tour mondiali, Toto Cutugno non si è limitato a esportare la sua musica, ma ha anche portato con sé un pezzo dell'anima italiana, condividendo la sua passione, la sua energia e la sua dedizione con fan di tutto il mondo. Questi viaggi non solo hanno consolidato la sua posizione come uno degli artisti italiani più influenti della sua generazione, ma hanno anche cementato la sua eredità come un musicista globale, capace di parlare a cuori e anime di ogni angolo del mondo.

La diaspora italiana, quella vasta rete di comunità di emigrati che si estende da continenti lontani come l'Australia e le Americhe fino alle nazioni confinanti in Europa, ha sempre cercato dei legami con la propria patria. La nostalgia per la propria terra, la famiglia e gli affetti lontani, la lingua e la cultura ha fatto sì che questi italiani all'estero cercassero dei punti di riferimento per mantenere viva la connessione con l'Italia. E la musica di Toto Cutugno ha svolto un ruolo fondamentale in questo scenario.

Ogni volta che le note di brani come "L'Italiano" o "Serenata" risuonavano nelle feste di comunità, nelle celebrazioni o anche solo nelle case individuali degli emigrati, era come se un pezzo d'Italia venisse magicamente trasportato in quel luogo, ovunque esso fosse. Cutugno, con la sua voce e le sue melodie, ha ricreato un'atmosfera che evocava paesaggi toscani, il profumo del mare della Costiera Amalfitana o la frenesia delle piazze romane.

Per molti emigrati, la sua musica ha offerto una sorta di rifugio emotivo. In momenti di solitudine o di nostalgia acuta, le canzoni di Cutugno hanno funzionato come un ponte immateriale, collegando il presente lontano dalla patria con i ricordi d'infanzia, con le strade familiari, con le voci dei cari rimasti in Italia.

E non era solo la melodia o il ritmo delle sue canzoni che faceva eco nelle vite degli emigrati italiani. Le liriche di Cutugno, spesso intrise di tematiche universali come l'amore, la perdita, la speranza e la gioia, hanno trovato una risonanza particolare nelle storie personali di chi aveva lasciato la propria terra in cerca di nuove opportunità. Questi temi, combinati con evocazioni specifiche della vita italiana, hanno creato un linguaggio comune che univa le comunità di emigrati.

Nei raduni e nelle associazioni italiane all'estero, non era raro sentire aneddoti su come una particolare canzone di Cutugno avesse accompagnato momenti cruciali della vita di qualcuno, fosse essa un matrimonio, una nascita o anche la triste perdita di un caro. Questi racconti sottolineavano ulteriormente l'importanza della sua musica come legame emotivo e culturale.

Nella vasta tapezzeria della diaspora italiana, Toto Cutugno si è affermato come un filo prezioso e costante. La sua musica ha ricordato agli italiani all'estero l'importanza delle proprie radici, incoraggiandoli a celebrare la loro identità e, allo stesso tempo, ad abbracciare le nuove culture e comunità in cui si erano inseriti. Cutugno, con la sua arte, ha quindi offerto una dolce sinfonia di appartenenza e nostalgia, cementando il suo posto nei cuori di innumerevoli italiani in tutto il mondo.

Se esiste una metrica universale che attesti l'importanza di un artista nel panorama musicale, questa è sicuramente rappresentata dai riconoscimenti ricevuti. Toto Cutugno, con il suo talento inconfondibile e la sua capacità di trasmettere emozioni attraverso le note, ha collezionato nel corso degli anni una serie di premi e onorificenze che sono la testimonianza tangibile del suo impatto nel mondo della musica, non solo in Italia, ma su scala globale.

Incominciamo con uno dei più prestigiosi, il Festival dell'Eurovisione. La vittoria nel 1990 con "Insieme: 1992" non fu solamente una celebrazione della sua musica, ma anche del messaggio di unità europea che la canzone portava con sé. Questo trionfo non solo lo ha consolidato come uno degli artisti italiani più apprezzati, ma ha anche rafforzato la sua presenza sul palcoscenico mondiale.

Tuttavia, la sua carriera internazionale non si limita al contest europeo. Cutugno è stato più volte ospite d'onore in vari festival musicali in tutto il mondo, riscuotendo successo in paesi come la Russia, dove è stato premiato al

"Festival della Canzone di Jurmala", consolidando il suo status di artista di calibro internazionale.

Ma la lista continua. Oltre ai festival, Cutugno ha ricevuto vari riconoscimenti per le vendite dei suoi dischi in diversi paesi. Ad esempio, in Canada, ha ottenuto un disco d'oro per le elevate vendite del singolo "L'Italiano", canzone che, come abbiamo già accennato, ha riscosso un successo incredibile ben oltre i confini italiani.

Un altro riconoscimento che merita di essere menzionato è la sua nomina come "Cavaliere dell'Ordine delle Arti e delle Lettere" in Francia, un'onorificenza che testimonia l'importante contributo che Cutugno ha dato alla promozione della cultura e della musica a livello internazionale.

È importante sottolineare che, oltre ai premi ufficiali, la vera misura del successo di Cutugno è stata la sua capacità di conquistare il cuore del pubblico di diverse nazionalità e culture. Ogni riconoscimento che ha ricevuto è stato il riflesso dell'amore e dell'ammirazione che il pubblico di tutto il mondo gli ha riservato.

In conclusione, mentre la lista dei riconoscimenti ufficiali di Toto Cutugno potrebbe sembrare impressionante, è solamente la punta dell'iceberg. La sua vera eredità risiede nei momenti indimenticabili che ha regalato ai suoi fan, nei ricordi che ha creato e nelle emozioni che ha suscitato con la sua musica. La carriera di Cutugno è stata un viaggio di successi e riconoscimenti che confermano la sua posizione come uno degli artisti musicali più influenti e amati del nostro tempo.

La grandezza di un artista si manifesta non solo attraverso le sue opere originali, ma anche attraverso l'eco delle sue melodie che risuonano nelle interpretazioni di altri artisti. Toto Cutugno, con la sua prolifica carriera e il suo talento ineguagliabile, ha scritto numerosi brani che sono diventati non solo successi in Italia, ma anche in tutto il mondo. E, come testimone del suo impatto universale, molte di queste canzoni sono state oggetto di adattamenti e cover da parte di artisti di ogni angolo del globo.

Prendiamo, ad esempio, il suo indimenticabile pezzo "L'Italiano". Oltre ad essere un inno per gli italiani, questa canzone è stata oggetto di innumerevoli cover e reinterpretazioni. In Germania, la band "Brunner & Brunner" ha realizzato una versione intitolata "Italo Medley". Anche nel lontano Brasile, l'artista "Fernando Express" ha proposto una sua versione di questo pezzo, confermando la capacità di Cutugno di attraversare confini e culture.

E non si tratta solo di "L'Italiano". "Solo Noi", un altro successo di Cutugno, ha trovato una nuova vita nelle mani dell'artista turco Tarkan, che ha proposto una sua interpretazione intitolata "Delikanlı Çocuklar". Anche l'Europa dell'Est ha dimostrato il suo amore per la musica di Cutugno, con artisti come Dragan Kojic Keba in Serbia che ha realizzato una versione di "Ti Amo".

Questi adattamenti non si limitano a semplici traduzioni o rielaborazioni. Spesso, gli artisti che hanno reinterpretato le canzoni di Cutugno hanno infuso nei brani la propria sensibilità culturale, fondendo il DNA melodico originale con nuovi ritmi, strumenti e sfumature. Questo dimostra non solo l'universalità dei temi trattati da Cutugno, ma anche la sua capacità di parlare un linguaggio musicale comprensibile e amato da un pubblico estremamente variegato.

Ma cosa rende le canzoni di Cutugno così adatte a questi adattamenti internazionali? Potrebbe essere la sua abilità di catturare emozioni universali – amore, nostalgia, gioia, tristezza – in melodie che sono allo stesso tempo semplici e profonde. Le sue canzoni, pur radicate nella tradizione musicale italiana, hanno un appeal universale, un qualcosa di intrinseco che parla a cuori di diverse culture.

In effetti, la vasta gamma di adattamenti e cover delle sue canzoni è una testimonianza del suo profondo impatto sulla scena musicale globale. Artisti di diversi generi, dall'elettronica al rock, dal pop alla musica tradizionale, hanno trovato ispirazione nelle sue melodie.

Mentre Cutugno ha regalato al mondo intere generazioni di canzoni originali, il mondo ha risposto rendendo omaggio al suo genio attraverso innumerevoli reinterpretazioni. Questo scambio culturale, dove la musica diventa un ponte tra diverse nazioni e culture, è forse uno dei più grandi tributi alla carriera e al talento di Toto Cutugno.

L'influenza sulla nuova generazione

In ogni era musicale, ci sono artisti che non solo definiscono il loro tempo, ma che lasciano un'impronta indelebile sulle generazioni future. Toto Cutugno è senza dubbio uno di questi giganti musicali, la cui influenza ha varcato i confini del suo tempo e ha continuato a risuonare tra le nuove generazioni di artisti. Non solo in Italia, dove la sua impronta sulla musica pop è innegabile, ma anche in molte altre nazioni, dove la sua musica ha toccato e ispirato giovani talenti.

Mentre le sue melodie e liriche hanno un sapore distintamente italiano, gli artisti emergenti di tutto il mondo hanno trovato nei suoi brani un terreno fertile per la loro creatività. La sua capacità di coniugare poesia ed emozione con melodie avvincenti ha reso la sua musica una fonte inesauribile di ispirazione.

In Italia, la nuova generazione di cantautori ha spesso citato Cutugno come una delle loro principali influenze. La sua abilità di raccontare storie attraverso la musica, di evocare paesaggi emotivi e di catturare l'essenza dell'esperienza umana è qualcosa che molti giovani artisti aspirano a emulare. Alcuni di loro hanno persino reinterpretato le sue canzoni, dando loro una nuova vita in un contesto contemporaneo, dimostrando la versatilità e la rilevanza duratura delle sue composizioni.

All'estero, la sua influenza si manifesta in modi diversi. Ci sono artisti che hanno incorporato elementi della sua musica nei loro stili, mentre altri hanno citato la sua passione e il suo impegno come fonte di ispirazione per la loro carriera. La risonanza delle sue canzoni in paesi lontani sottolinea la sua capacità di trascendere le barriere linguistiche e culturali.

Un elemento che rende la musica di Cutugno particolarmente attraente per la nuova generazione è la sua autenticità. In un'epoca in cui la musica pop può spesso sembrare prodotta in serie, la genuinità delle sue canzoni e la profondità delle sue liriche offrono una fresca alternativa. Questo ha permesso alle sue canzoni di resistere alla prova del tempo e di mantenere la loro rilevanza in un panorama musicale in continua evoluzione.

È interessante notare come, nonostante le differenze generazionali, ci siano temi universali nelle canzoni di Cutugno che continuano a risuonare con il pubblico giovane. Temi come l'amore, la perdita, la speranza e la nostalgia sono universali e senza tempo, e Cutugno ha sempre avuto un talento particolare nel catturarli con eleganza e sensibilità.

L'eredità musicale di Toto Cutugno non si limita ai suoi successi passati, ma vive e respira nella musica di quegli artisti che, anche oggi, trovano ispirazione nelle sue opere. La sua influenza sulla nuova generazione è una testimonianza della sua grandezza e della sua capacità di toccare le persone attraverso la musica, indipendentemente dalla loro età o provenienza. E mentre le tendenze musicali possono cambiare e evolversi, una cosa è certa: l'arte di Toto Cutugno continuerà a illuminare la scena musicale per molte generazioni a venire.

Quando ci immergiamo nell'incredibile carriera di Toto Cutugno, una cosa salta immediatamente all'occhio: la maggiore parte delle sue canzoni sono in italiano, la sua lingua madre. Eppure, la sua musica ha trovato un posto speciale nei cuori di milioni di persone in tutto il mondo, molte delle quali non comprendono una parola di italiano. Come ha fatto Cutugno a costruire questi ponti emotivi attraverso le barriere linguistiche?

Il potere della musica sta spesso nell'abilità di comunicare emozioni che le parole da sole non possono esprimere. Le melodie, i ritmi, le armonie: questi sono elementi universali che non necessitano di traduzione. E Cutugno, con la sua innata capacità di creare canzoni che toccano profondamente l'animo, ha saputo sfruttare al meglio questa universale lingua musicale.

Ma c'è di più. Sebbene le parole possano non essere comprese in senso letterale, c'è un'essenza, una passione nella voce di Cutugno che trascende le parole stesse. Chi ha assistito a uno dei suoi concerti sa quanto sia potente la sua presenza scenica. Si può percepire la sincerità di ogni sua espressione, la profondità di ogni sua nota. Questa trasparenza emotiva ha creato un ponte tra lui e il suo pubblico, un legame che non necessita di traduzione.

Oltre alla potenza emotiva delle sue esibizioni, Cutugno ha dimostrato una straordinaria capacità di catturare sentimenti universali nelle sue liriche. Temi come l'amore, la nostalgia, la gioia, la tristezza, la speranza, la perdita – sono emozioni che tutti, indipendentemente dalla loro lingua o cultura, hanno sperimentato. E quando si tratta di esprimere questi sentimenti, Cutugno ha un talento particolare nel farlo in modo tale da risuonare in chiunque lo ascolti.

Un altro aspetto fondamentale è la melodia delle sue canzoni. Le melodie di Cutugno hanno una qualità talmente avvincente che possono facilmente rimanere impresse nella mente di chi ascolta. Queste melodie, spesso allegre e orecchiabili, servono come un ulteriore strumento per superare qualsiasi barriera linguistica, facendo sì che la sua musica sia godibile anche per chi non comprende il testo.

In conclusione, mentre la lingua italiana ha sicuramente aggiunto un fascino particolare alla musica di Toto Cutugno, è stata la sua profonda comprensione dell'esperienza umana, combinata con la sua maestria nel creare melodie indimenticabili, a garantire la sua risonanza universale. Cutugno non ha solo cantato in italiano; ha cantato in un linguaggio universale di emozioni, dimostrando che la musica, nella sua forma più pura, può davvero unire il mondo. E in questo processo, ha rafforzato l'idea che, anche in un mondo pieno di diversità e differenze, ci sono sentimenti ed emozioni che ci uniscono tutti.

Le origini familiar

di Toto Cutugno

Il paesaggio della Toscana è come una tela dipinta: colline ondulate, vigneti rigogliosi e borghi medievali che sembrano usciti da una cartolina. Tra questi si trova Fosdinovo, un piccolo comune arroccato su una collina, dominato da un imponente castello medievale che da secoli sorveglia il territorio circostante. È qui che Salvatore "Toto" Cutugno ha mosso i suoi primi passi nel mondo, respirando l'aria carica di storia e cultura che solo un luogo come questo può offrire.

Fosdinovo non è solo un luogo geografico nella vita di Cutugno; è un mosaico di ricordi, tradizioni e melodie che hanno plasmato l'anima del cantautore. La Toscana, con i suoi paesaggi mozzafiato e la sua profonda tradizione musicale, ha avuto un ruolo fondamentale nell'incanalare la passione giovanile di Toto nella direzione della musica.

Nato in una famiglia dove l'amore per la musica e la tradizione era palpabile, Toto era destinato a seguire questa via. La casa dei Cutugno a Fosdinovo era spesso pervasa da melodie: dalla nonna che canticchiava vecchie canzoni popolari mentre preparava la pasta fatta in casa, al padre che ogni tanto prendeva la chitarra e intonava qualche brano, trasmettendo al giovane Toto la magia della musica. Questi momenti, seppur semplici, hanno lasciato un'impronta indelebile nel cuore dell'artista.

Ma non era solo la famiglia a influenzare Toto. Fosdinovo, con le sue strette strade lastricate e le sue piazze animate, offriva spesso l'opportunità di ascoltare gruppi folk che si esibivano, raccontando storie di amore, lavoro e vita quotidiana attraverso le loro canzoni. Queste melodie, intrise di sentimento e tradizione, hanno nutrito la creatività di Cutugno, fornendo un solido fondamento su cui avrebbe costruito la sua carriera.

Oltre alla musica, c'era un profondo senso di comunità a Fosdinovo. Le famiglie erano strette tra loro, legate da vincoli di amicizia e rispetto reciproco. Questo tessuto sociale ha insegnato a Toto l'importanza della solidarietà e del sostegno reciproco, valori che avrebbe portato con sé nel tumultuoso mondo dello spettacolo.

L'infanzia toscana di Toto Cutugno a Fosdinovo non è stata solo una fase della sua vita, ma il fondamento su cui ha costruito il suo essere artista e uomo. Un luogo dove la tradizione si intreccia con la passione, e dove un giovane ragazzo ha scoperto la magia della musica, destinato a condividere quella magia con il mondo intero.

Il matrimonio e la paternità

La vita di un artista è spesso contraddistinta da alti e bassi, momenti di pura ispirazione e periodi di riflessione, palchi luminosi e stanze silenziose. Ma al di là dei riflettori e delle canzoni, c'è un mondo fatto di emozioni, relazioni e esperienze profondamente umane. E per Toto Cutugno, uno degli aspetti centrali di questa realtà è stato il suo legame con Carla.

Carla non era solo la moglie di Toto; era la sua compagna di vita, la sua roccia, la persona che lo ha sostenuto nei momenti difficili e ha condiviso con lui le gioie più grandi. La loro storia d'amore è un testamento alla profondità e alla sincerità dei sentimenti, un legame che ha resistito alle prove del tempo e alle sfide della vita pubblica.

Iniziata come una tenera storia giovanile, la relazione tra Toto e Carla si è trasformata in un matrimonio solido, fondato su valori condivisi, rispetto reciproco e un amore incondizionato. Carla, con la sua natura calma e riflessiva, ha spesso rappresentato l'ancora di Toto, bilanciando il suo temperamento artistico e passionale. Lei era lì, al suo fianco, durante i tour estenuanti, i concerti sold-out e le lunghe sessioni di registrazione in studio.

Ma se c'è un momento che ha davvero segnato la vita di Toto e Carla, è stata l'arrivo del loro figlio, Niccolò. La paternità ha aperto un nuovo capitolo nella vita di Toto, influenzando profondamente la sua musica e le sue priorità. Niccolò è diventato il centro del suo universo, la sua fonte d'ispirazione e il suo punto di riferimento.

La nascita di Niccolò ha portato nuove melodie nella vita di Toto. Canzoni che parlavano di amore paterno, di speranze e sogni per il futuro, e della gioia di vedere il mondo attraverso gli occhi di un bambino. La paternità ha dato a Toto una prospettiva più profonda sulla vita, spingendolo a riflettere sui veri valori e su ciò che conta davvero.

Allo stesso tempo, essere padre ha anche portato nuove sfide. Bilanciare la carriera e la vita familiare non è mai facile, soprattutto per un artista con un calendario così fitto di impegni. Ma Toto, con il sostegno incondizionato di Carla, ha trovato il modo di essere presente nella vita di

Niccolò, instillando in lui gli stessi valori di amore, rispetto e passione per la musica.

Il matrimonio e la paternità non sono stati solo eventi nella vita di Toto Cutugno; sono stati pilastri che hanno sostenuto e ispirato la sua carriera artistica. La sua relazione con Carla e l'arrivo di Niccolò hanno arricchito la sua musica, offrendo al mondo canzoni che parlano di amore, famiglia e i piccoli momenti preziosi della vita.

Le amicizie nell'industria musicale

Nell'incredibile mosaico della carriera di Toto Cutugno, tra successi indimenticabili e performance che hanno fatto la storia della musica italiana, c'è un dettaglio che spesso sfugge ai più: le preziose amicizie che ha tessuto nel corso degli anni nell'industria musicale. Questi legami non sono stati solo un complemento alla sua carriera, ma una fonte inestimabile di ispirazione, sostegno e crescita sia artistica che personale.

Uno dei legami più noti e significativi nella vita di Cutugno è stato quello con Adriano Celentano. La "molla" di Sanremo, come spesso viene chiamato Celentano, ha sempre avuto un posto speciale nel panorama musicale italiano, e l'amicizia con Toto ha radici profonde. Entrambi hanno condiviso una passione per la musica che va oltre il semplice intrattenimento: una missione, un modo di comunicare emozioni e storie. Le loro collaborazioni sono state poche, ma intensamente significative, e ogni volta che si sono trovati a condividere un palco o uno studio di registrazione, la magia è stata palpabile. Oltre alla musica, i due hanno condiviso riflessioni sulla vita, sull'amore e sul cambiamento, arricchendo reciprocamente le loro visioni del mondo.

Altrettanto profondo è stato il legame tra Toto e Albano Carrisi. Due artisti che, seppur con stili e percorsi differenti, hanno trovato nel reciproco rispetto e ammirazione un terreno comune. Albano, con la sua voce potente e il suo carisma, e Toto, con la sua abilità di narratore e la sua sensibilità, hanno trovato molte occasioni per collaborare e scambiarsi consigli. La loro amicizia non si è limitata ai momenti professionali: si sono sostenuti nei momenti di difficoltà e hanno festeggiato insieme i successi, consolidando un legame che va oltre il professionale.

Queste amicizie, e molte altre che Toto ha coltivato nel corso degli anni, hanno avuto un impatto profondo sulla sua carriera e sulla sua vita. Gli hanno offerto nuove prospettive, stimolato la sua creatività e, in molti casi, lo hanno sostenuto nei momenti di sfida. Ma forse, più di ogni altra cosa, hanno ribadito l'importanza delle relazioni umane nel mondo della musica. Perché, al di là delle classifiche e dei dischi di platino, ciò che realmente conta sono le persone con cui condividi il viaggio.

Le amicizie di Toto Cutugno nell'industria musicale non sono solo una testimonianza del suo talento e della sua statura nel mondo della musica, ma anche della sua capacità di costruire legami sinceri e duraturi. Attraverso queste relazioni, Toto ha dimostrato che la musica non è solo un'arte, ma anche un linguaggio universale che unisce le persone al di là delle differenze. E le sue amicizie con giganti come Celentano e Albano sono la prova vivente di quanto sia preziosa questa connessione umana nel mondo dell'arte.

La passione per il calcio

In una nazione come l'Italia, dove il calcio scorre nel sangue della maggior parte della popolazione, non è raro trovare celebrità e artisti che condividono una fervente passione per questo sport. Toto Cutugno non fa eccezione. Sebbene sia conosciuto principalmente per le sue canzoni e la sua carriera musicale di successo, Cutugno ha sempre avuto una grande passione per il calcio, una passione che ha trascorso con lui attraverso le diverse fasi della sua vita.

Fin dai suoi primi anni a Fosdinovo, la domenica pomeriggio per Toto aveva un rituale ben preciso: la partita del campionato di Serie A, ascoltata alla radio o, negli anni successivi, guardata in televisione. Era un momento sacro, in cui il mondo esterno sembrava svanire, lasciando posto solo alla magia del pallone che rotolava sul prato verde. Non era solo l'adrenalina del gioco che lo attirava, ma anche il fascino dell'appartenenza, l'orgoglio di tifare per una squadra, e la comunità che si crea intorno a questo sport.

Ma la passione di Cutugno non si limitava alla visione passiva. Nei suoi anni giovanili, era noto per partecipare a partite informali tra amici, dimostrando una notevole abilità sul campo. Non era raro vederlo, nei pomeriggi estivi, in qualche campo improvvisato, a calciare il pallone con lo stesso entusiasmo e la stessa passione con cui si esibiva sul palco. Questi momenti informali, lontani dai riflettori e dal clamore del mondo della musica, offrivano a Cutugno un'occasione per ritrovare se stesso, per ricaricarsi e per condividere con gli amici la gioia pura e semplice del gioco.

Questo amore per il calcio ha influenzato, in modi sottili, anche la sua musica. Non nelle parole o nelle melodie, ma nell'energia, nel ritmo e nell'intensità. La stessa passione che metteva in campo, la ritroviamo nelle sue esibizioni dal vivo, dove ogni nota, ogni accordo, sembrava avere la stessa urgenza e la stessa importanza di un gol in una finale di campionato.

La passione di Toto Cutugno per il calcio non è solo un dettaglio aneddotico della sua vita. È una testimonianza del suo amore per la vita, del suo desiderio di connettersi con gli altri e di condividere momenti di gioia pura. È un promemoria che, al di là del successo e della fama, ci sono semplici piaceri che danno significato alle nostre vite. E per Cutugno, il calcio è sempre stato uno di questi.

L'amore per il suo paese

La fama, il successo e l'adulazione del pubblico possono offuscare il senso di appartenenza di molte celebrità, distogliendole dalle loro origini e creando un distacco dal loro luogo d'origine. Ma Toto Cutugno non è mai caduto in questa trappola. Nonostante il suo successo internazionale e gli innumerevoli palchi su cui si è esibito in tutto il mondo, il cuore di Toto è sempre rimasto fedelmente legato alla sua amata Italia, e in particolare alla Toscana, la regione che gli ha dato i natali.

Per Cutugno, la Toscana non rappresenta solo un luogo geografico; è un mosaico di ricordi, di suoni, di profumi e di emozioni. Le dolci colline toscane, le case in pietra, le vigne che si estendono a perdita d'occhio, rappresentano per lui un ritorno alle origini, un luogo dove ritrovare se stesso. Anche nei periodi più frenetici della sua carriera, Toto ha sempre trovato il tempo di tornare nella sua Fosdinovo, rifugiandosi nella tranquillità del paesaggio toscano, lontano dai riflettori e dal trambusto delle tournee.

Ma il legame con l'Italia di Toto Cutugno non si limita alla sola nostalgia geografica. La sua musica è intrisa di quel profondo amore per la cultura e la tradizione italiane. Nelle sue canzoni, si avverte una profonda risonanza delle melodie tradizionali, dei ritmi e delle storie del Bel Paese. Quando canta dell'Italia, lo fa con una sincerità e un'affezione che trascendono le parole, raggiungendo direttamente il cuore degli ascoltatori. Questo amore genuino per il suo paese ha reso la sua musica un autentico ambasciatore della cultura italiana nel mondo.

Oltre alla musica, Toto ha sempre mostrato un profondo rispetto e ammirazione per la ricca tapezzeria culturale dell'Italia. Sia che si trattasse di gastronomia, di letteratura o di arte, Cutugno ha sempre enfatizzato l'importanza delle tradizioni italiane, celebrando e promuovendo l'eredità culturale del paese ogni volta che ne ha avuto l'opportunità.

Questo sentimento di profondo amore e apprezzamento per l'Italia non ha fatto altro che accrescere l'ammirazione del pubblico verso Cutugno. Gli italiani, riconoscendo in lui un vero e proprio ambasciatore della loro cultura, hanno risposto con un'affetto e una stima che vanno ben oltre la sua musica.

L'essenza di Toto Cutugno, il suo spirito e la sua anima, sono intrinsecamente legati all'Italia. Nonostante le luci brillanti del successo internazionale, il suo cuore ha sempre battuto al ritmo delle tradizioni, della storia e della cultura del suo amato paese. E questo amore profondo, questa devozione sincera, ha reso Toto Cutugno non solo un grande artista, ma anche un figlio devoto della terra che continua ad ispirarlo ogni giorno.

Al di fuori della musica

La musica, pur essendo la linfa vitale che ha permeato gran parte della vita di Toto Cutugno, è solo una delle tante sfaccettature del suo essere. Dietro l'artista di fama mondiale, c'è un uomo con una gamma di interessi che spaziano ben al di là del mondo delle note e delle melodie. Questi hobby, lontani dai riflettori, hanno offerto a Cutugno un equilibrio, un modo per distaccarsi dalla pressione del palcoscenico e per riconnettersi con se stesso.

Il calcio, come già noto, è una delle sue passioni principali. Ma c'è molto di più nel repertorio di interessi di Toto. La vela, ad esempio, è uno degli hobby che ha conquistato il suo cuore. C'è qualcosa di magico nel sentirsi portati dal vento, nel governare una barca attraverso le onde, sentendo il sale sulla pelle e il sole che si riflette sull'acqua. Per Cutugno, la vela è una metafora della libertà, una fuga dalla frenesia e dalle aspettative, un luogo dove la musica del mare sostituisce quella del palcoscenico. La sensazione di essere in sintonia con gli elementi, di comprendere e rispettare la potenza dell'oceano, ha offerto a Toto momenti di meditazione e riflessione.

Parallelamente alla sua passione per la vela, Cutugno ha anche esplorato il mondo dell'arte, in particolare la pittura. Con un pennello in mano, Toto trova un altro mezzo per esprimere le sue emozioni, per raccontare storie e per ritrarre il mondo come lo vede. La tela diventa un'estensione del suo io interiore, un luogo dove i colori e le forme prendono vita, creando immagini che, proprio come le sue canzoni, raccontano storie di amore, passione, tristezza e gioia. La pittura, per Cutugno, è una forma di terapia, un modo per trasformare le sue emozioni in qualcosa di tangibile, di visibile.

Ogni hobby, ogni passione al di fuori della musica, ha contribuito a formare l'individuo che è Toto Cutugno. Questi interessi gli hanno fornito non solo un rifugio, ma anche fonti di ispirazione, influenzando in modi sottili ma significativi il suo lavoro artistico. Sono rappresentazioni del suo desiderio di esplorare, di conoscere e di comprendere il mondo in tutte le sue sfaccettature.

La vita di Toto Cutugno al di fuori della musica svela un uomo complesso, con una profondità che va oltre le canzoni che tutti conosciamo. La sua capacità di trovare bellezza e significato in molteplici forme d'arte e attività ci mostra un artista in continua evoluzione, sempre alla ricerca di nuove avventure e nuovi modi di esprimere ciò che sente nel profondo del suo cuore. E questa ricerca, questa incessante curiosità, è ciò che rende Toto Cutugno una figura tanto amata e rispettata, non solo come musicista, ma anche come uomo.

L'orizzonte musicale di Toto Cutugno si estende ben oltre i confini italiani, abbracciando palcoscenici e pubblici di tutto il mondo. Ma dietro l'artista, dietro l'infinita successione di concerti, tour e apparizioni televisive, c'è un uomo con profonde radici familiari, un uomo che ha continuamente cercato di bilanciare gli impegni professionali con il dolce richiamo della casa.

La fama, come sappiamo, è una doppia lama. Offre opportunità, apre porte, ma esige anche sacrifici. E in mezzo a tutto ciò, Toto ha sempre cercato di garantire che la famiglia rimanesse al centro della sua vita. Carla, la sua dolce metà, è stata non solo la sua compagna, ma anche la sua roccia, il suo ancoraggio. La loro relazione è stata un testamento dell'amore duraturo, un amore che ha resistito alle prove del tempo e alle sfide della vita sotto i riflettori.

La nascita del loro figlio, Niccolò, ha ulteriormente ampliato l'orizzonte delle priorità di Toto. Ogni padre sa che la paternità cambia tutto, e per un artista con un calendario tanto fitto come quello di Cutugno, l'arrivo di un figlio ha portato con sé nuove responsabilità e nuove gioie. Niccolò è diventato un faro nella vita di Toto, una continua fonte di ispirazione e un promemoria della bellezza e della fragilità della vita.

Per Cutugno, tornare a casa dopo un tour e vedere gli occhi brillanti di Niccolò o condividere momenti sereni con Carla erano le gioie semplici che rendevano ogni sacrificio valido. Ogni nota che ha cantato, ogni canzone che ha scritto, porta con sé un pezzo del suo cuore, un cuore profondamente legato alla sua famiglia.

Eppure, bilanciare famiglia e carriera non è mai stato facile. Ci sono stati momenti in cui gli impegni professionali hanno precluso la presenza ai piccoli e grandi momenti familiari. Ma Toto, con la sua determinazione e la sua dedizione, ha sempre fatto del suo meglio per compensare, per essere presente quando contava davvero, per assicurarsi che la sua famiglia sapesse quanto fossero preziosi per lui.

Le canzoni di Cutugno parlano d'amore, di passione, di desiderio e di dolore. Ma oltre alla melodia, c'è sempre stata una sottotrama, un filo sottile che lega l'artista alla sua famiglia. La sua musica non è solo un riflesso del suo talento, ma anche della sua anima, un'anima che brilla più luminosa quando è circondata da coloro che ama.

La storia di Toto Cutugno non è solo quella di un artista di successo, ma anche quella di un uomo che, nonostante le sfide e le tentazioni della fama, ha sempre tenuto la sua famiglia al centro del suo universo. E in questo equilibrio, in questa danza tra il palcoscenico e la casa, troviamo la vera essenza di ciò che rende Toto Cutugno una figura tanto ammirata e amata.

Molti conoscono Toto Cutugno come la voce penetrante e potente dietro a molti successi musicali, un'icona che ha toccato il cuore di innumerevoli persone. Tuttavia, pochi sono a conoscenza della profonda connessione che l'artista ha sempre avuto con la natura, una relazione tanto intima quanto la sua passione per la musica.

L'Italia, con le sue coste spettacolari e le sue campagne sconfinate, ha sempre offerto a Toto un rifugio. Il mare, in particolare, ha occupato un posto speciale nel suo cuore. Le onde, con il loro ritmo incessante e ipnotico, hanno spesso fatto da sfondo ai momenti di riflessione dell'artista. Le giornate trascorse sulla costa, con il sole che bacia la pelle e il sale che sferza i capelli, hanno fornito a Cutugno non solo ristoro, ma anche una fonte inesauribile di ispirazione. Era comune per lui prendere la chitarra e, con lo sfondo del mare infinito, comporre melodie che sarebbero diventate successi internazionali.

La campagna, d'altra parte, rappresentava un altro aspetto della connessione di Toto con la natura. I paesaggi verdi, le colline ondulate e il canto degli uccelli erano un balsamo per la sua anima, specialmente nei periodi di stress o stanchezza. Molti dei suoi testi riflettono la serenità e la bellezza di questi luoghi, evocando immagini di tramonti dorati e campi in fiore.

Questi luoghi erano il suo santuario, lontano dal trambusto e dalla frenesia della vita da superstar. La natura, con la sua semplicità e autenticità, gli permetteva di riconnettersi con se stesso, di ritrovare un equilibrio interiore che, in altre circostanze, avrebbe potuto essere facilmente perduto. La solitudine voluta, il silenzio rotto solo dai suoni della terra e del mare, era il contesto ideale per lasciare fluire la creatività e per ricaricare le energie.

Non è un caso che, anche nei momenti più impegnativi della sua carriera, Toto abbia sempre cercato di ritagliarsi del tempo per immergersi nella natura. Queste esperienze, infatti, hanno influenzato profondamente la sua arte, arricchendo la sua musica con sfumature e tonalità che solo la connessione con la terra e il mare può offrire.

Rispecchiando l'essenza stessa dell'Italia, Toto Cutugno ha saputo fondere la cultura, la tradizione e la natura in un'unica, armoniosa melodia. E mentre la sua voce continua a risuonare in tutto il mondo, è impossibile non sentire, in ogni nota, l'eco delle onde del mare e il soffio del vento tra gli alberi. Una testimonianza del legame indissolubile tra l'artista e la terra che tanto ama.

Nel vasto panorama musicale italiano, pochi artisti possono vantare un rapporto così genuino e caloroso con i propri fan come Toto Cutugno. La sua carriera, costellata di successi e riconoscimenti, avrebbe potuto facilmente distaccarlo dal pubblico, trasformandolo in un'entità inaccessibile e lontana. Eppure, chi ha avuto il privilegio di incontrarlo, anche solo per pochi minuti, sa bene che Toto è sempre rimasto incredibilmente umile e accessibile.

Una delle caratteristiche distintive di Cutugno è stata la sua capacità di mantenere una connessione autentica con i suoi ascoltatori. Nei backstage dei concerti, era comune vederlo trascorrere ore a parlare con i fan, ascoltando le loro storie, firmando autografi e scattando foto. Non lo faceva per dovere o per un calcolo pubblicitario, ma perché era sinceramente interessato alle persone che avevano fatto della sua musica una parte fondamentale delle loro vite.

Un aneddoto particolarmente toccante riguarda un giovane fan che aveva percorso centinaia di chilometri per vedere dal vivo il suo idolo. Alla fine del concerto, l'entusiasmo del ragazzo era palpabile, ma era chiaro che non avrebbe avuto l'opportunità di avvicinarsi al palco. Toto, avvertendo la situazione, chiese al suo staff di portare il giovane nel backstage. Quella che avrebbe potuto essere una breve conversazione si trasformò in un dialogo di ore, in cui Cutugno ascoltava con attenzione le esperienze del ragazzo e condivideva le proprie. Quella sera, il giovane tornò a casa non solo con un autografo, ma con un ricordo che avrebbe portato con sé per tutta la vita.

E questo è solo uno dei tanti episodi che illustrano la generosità di Toto nei confronti dei suoi fan. L'artista aveva la rara capacità di vedere oltre la fama e il successo, riconoscendo il valore intrinseco di ogni individuo. Per lui, ogni fan non era solo un numero, ma una persona con una storia, delle emozioni e dei sogni.

Questa stessa umiltà e sincerità si rifletteva anche nella sua musica. Le canzoni di Cutugno parlano direttamente al cuore, esprimendo sentimenti universali con cui chiunque può identificarsi. E questo, combinato con il suo genuino interesse per le persone, ha creato un legame indissolubile tra l'artista e il suo pubblico.

La grande ironia della carriera di Toto Cutugno è che, pur essendo salito alle stelle, ha sempre mantenuto i piedi ben piantati sulla terra. La sua fama non ha mai oscurato la sua essenza, e il calore e l'affetto che riservava ai suoi fan ne sono la prova più tangibile. In un mondo in cui la celebrità può facilmente alienare, Toto ha dimostrato che è possibile rimanere autentici, mostrando una profonda gratitudine e rispetto per coloro che hanno reso possibile il suo incredibile viaggio musicale.

Per penetrare l'essenza di Toto Cutugno, artista di calibro internazionale e figura emblematica della scena musicale italiana, non basta fermarsi ai successi che ha riscosso o alle note delle sue melodie. È fondamentale, invece, comprendere i principi che hanno costituito il tessuto stesso della sua esistenza, quei valori inalienabili che hanno diretto ogni sua decisione e ogni sua nota.

L'umiltà è, senza dubbio, uno dei tratti distintivi di Cutugno. In un'industria in cui l'ego può facilmente gonfiarsi, Toto ha sempre mantenuto una visione chiara del suo ruolo nel mondo. Sebbene fosse acclamato da milioni, non si è mai considerato superiore agli altri. Questa umiltà non era una semplice maschera per il pubblico, ma un principio genuino che lo guidava in ogni aspetto della sua vita. Anche di fronte ai massimi riconoscimenti, Toto ricordava sempre le sue origini, i primi passi nel mondo della musica, e il lungo percorso fatto di sacrifici e dedizione che lo aveva portato lì.

Parallelamente all'umiltà, la dedizione di Toto è stata un altro pilastro della sua filosofia di vita. Non si è mai accontentato del successo raggiunto, ma ha continuamente cercato di migliorarsi, di esplorare nuovi orizzonti musicali e di affinare la sua arte. Questo impegno costante ha reso ogni suo brano un piccolo capolavoro, ricco di emozioni e passione. La dedizione di Cutugno era palpabile, non solo nella sua musica, ma anche nelle relazioni personali e nel modo in cui affrontava ogni nuova sfida.

Infine, e forse il principio più pervasivo della sua esistenza, è stato l'amore per la vita. Toto Cutugno ha vissuto ogni giorno con una gioia contagiosa, trovando bellezza nei piccoli dettagli e meraviglia nelle esperienze più semplici. Questo amore per la vita si rifletteva nelle sue canzoni, nelle sue esibizioni e nella sua interazione con i fan. Era un uomo che sapeva come celebrare ogni momento, rendendo ogni giorno un'opera d'arte.

Riflettendo sulla vita di Toto Cutugno, diventa chiaro che la sua grandezza non risiedeva solo nel suo talento musicale, ma nell'integrità della sua persona. Era un uomo guidato da principi profondi e autentici, che lo hanno reso un artista unico e una figura indimenticabile. La sua filosofia di vita, basata sull'umiltà, la dedizione e l'amore per la vita, non solo ha influenzato la sua carriera, ma ha lasciato un'impronta indelebile su chiunque abbia avuto la fortuna di conoscerlo. E attraverso la sua musica, queste lezioni di vita continuano a risuonare, offrendo ispirazione e conforto a generazioni presenti e future.

Riflessioni sulla sua eredità

e impatto culturale

Una carriera iniziata
nelle botteghe della canzone

Prima che le luci brillanti dei grandi palchi illuminassero il suo viso e prima che il suono delle ovazioni riecheggiasse nelle sue orecchie, Toto Cutugno si esibiva in luoghi molto più modesti. Gli albori della sua carriera musicale possono essere rintracciati nelle botteghe e nelle feste di paese della sua Toscana natale, luoghi in cui la semplicità e l'essenza pura della canzone italiana erano al centro dell'attenzione.

Cutugno non è nato stella; si è fatto da solo. La sua era una storia di determinazione, di passione bruciante e di un desiderio indomabile di esprimersi attraverso la sua musica. Mentre molti artisti della sua generazione sognavano di successi rapidi e brillanti, lui sapeva che il suo percorso non sarebbe stato breve né facile. Era pronto a mettersi alla prova, a imparare, a crescere, e più di tutto, a cantare.

Nella Toscana degli anni '60, le botteghe erano il cuore pulsante delle piccole comunità. Erano luoghi di incontro, di scambio, di condivisione di storie e di canzoni. E proprio in queste botteghe, un giovane Cutugno iniziava a farsi notare. Con una chitarra in mano e una voce che, anche se ancora acerba, mostrava un potenziale straordinario, intratteneva il pubblico con canzoni popolari, melodie tradizionali e, ogni tanto, con qualche sua composizione originale. La sua capacità di connettersi con il pubblico, di farli ridere, piangere e riflettere attraverso la sua musica, era evidente fin dai primi giorni.

Le feste paesane erano un altro palcoscenico fondamentale per il giovane artista. Queste celebrazioni, radicate nelle tradizioni e nell'orgoglio locale, erano occasioni per le comunità di riunirsi, di ballare e di cantare fino all'alba. E Cutugno, con la sua energia contagiosa e la sua presenza magnetica, era spesso al centro dell'attenzione. Queste esibizioni, seppur in contesti informali, gli fornivano lezioni inestimabili sul potere della performance live, sulla connessione con il pubblico e sull'arte di raccontare storie attraverso la canzone.

Questi anni formativi, benché lontani dai riflettori della fama e del successo, furono fondamentali per forgiare l'artista che Cutugno sarebbe diventato. Ogni nota cantata, ogni accordo suonato, ogni applauso e critica ricevuti, contribuivano a costruire il suo carattere e a definire la sua identità artistica. Era un periodo di scoperta, di sperimentazione e di impegno instancabile verso la sua arte.

La strada verso la notorietà e la celebrità era ancora lunga, ma queste esperienze iniziali, radicate nel tessuto culturale della Toscana e nelle tradizioni della canzone italiana, gettarono le basi solide su cui Cutugno avrebbe costruito una carriera leggendaria. Era chiaro, anche in quei giorni, che c'era qualcosa di speciale in lui, una scintilla, una magia che avrebbe conquistato il cuore di milioni. E così sarebbe stato.

Nel corso della storia della musica italiana, ogni tanto, emerge un artista che riesce a stravolgere la norma, a sfidare le aspettative e a ridefinire l'essenza del suono nazionale. Toto Cutugno è stato, senza ombra di dubbio, uno di questi rari talenti trasformativi.

Gli anni '70 e '80 hanno visto un'esplosione di talenti musicali in Italia, ma Cutugno si distingueva. Non era solo la sua voce distintiva o la sua abilità nel scrivere canzoni che lo rendevano unico; era il suo audace approccio alla musica. In un'epoca in cui la tradizione e la modernità sembravano trovarsi a opposti estremi dello spettro musicale, Cutugno riuscì a costruire un ponte tra questi due mondi.

La sua musica era intrisa delle melodie e dei ritmi della tradizione italiana. Non c'era dubbio sul fatto che, quando si ascoltava una delle sue canzoni, ci si trovava di fronte a una produzione genuinamente italiana. Ma c'era un elemento in più, un tocco di novità, una sfumatura di contemporaneità. Cutugno aveva la rara capacità di prendere elementi tradizionali e intrecciarli con suoni più moderni e universali. Era una fusione, un'armonia, che pochi prima di lui avevano osato o, forse, erano stati capaci di creare.

Questo non era un compito facile. La tradizione musicale italiana è profonda e sacra per molti. Deviare troppo dalla norma avrebbe potuto significare alienarsi dal pubblico e dai critici. Ma Cutugno aveva una visione. Vedeva un panorama musicale in cui la tradizione e la modernità non erano antagonisti, ma partner in una danza melodica. E con questa visione, portò una ventata di novità nel panorama musicale italiano.

Un esempio eclatante di questa fusione è come ha incorporato strumenti e ritmi non tradizionali nelle sue canzoni. Mentre la chitarra e il mandolino rimanevano presenti, Cutugno sperimentava con sintetizzatori, percussioni elettroniche e arrangiamenti di cori. Ma, e questo è cruciale, non ha mai permesso che questi suoni moderni offuscassero l'essenza italiana delle sue canzoni.

La sua capacità di innovare, pur rimanendo fedele alla sua identità, ha avuto un impatto profondo e duraturo sulla musica italiana. Ha aperto la strada a molti artisti successivi, mostrando che era possibile rispettare le radici mentre si esploravano nuovi orizzonti musicali. Ha dimostrato che la tradizione non era una catena che legava gli artisti al passato, ma piuttosto un trampolino di lancio verso il futuro.

La carriera di Toto Cutugno non è stata solo una serie di successi musicali; è stata una lezione, un corso intensivo su come la musica può evolvere, crescere e, sì, anche rivoluzionare, pur rimanendo autentica. Il suo contributo al panorama musicale italiano è immeasurabile, e il suo legato, una testimonianza del potere della musica quando è guidata da visione, passione e autenticità.

La musica ha sempre avuto il potere di attraversare confini, di unire culture e di costruire ponti tra mondi apparentemente diversi. Toto Cutugno, con il suo talento eccezionale e la sua profonda comprensione dell'anima musicale italiana, è stato uno dei principali protagonisti di questa narrazione universale, fungendo da autentico ambasciatore culturale per l'Italia.

Fin dai primi giorni della sua carriera, era evidente che Cutugno non era solo un altro talento emergente. Aveva qualcosa di speciale: una combinazione unica di carisma, talento e una profonda connessione con le radici musicali italiane. Questa connessione gli ha permesso di rappresentare l'Italia in modo autentico e sincero, qualcosa che ha risuonato non solo con il pubblico italiano, ma con ascoltatori di tutto il mondo.

Il Festival di Sanremo, una delle competizioni musicali più prestigiose d'Europa, ha visto Cutugno emergere come uno dei suoi talenti più luminosi. Ma la sua presenza non si fermò ai confini italiani. La sua partecipazione e vittoria all'Eurovision Song Contest ha proiettato la sua voce, e con essa l'essenza stessa della cultura italiana, su un palcoscenico internazionale. "Insieme: 1992", la canzone con cui ha vinto, non era solo un brano accattivante; era un inno all'unità, un richiamo all'Europa a venire insieme, riflettendo l'ottimismo e la visione del periodo.

Ma il ruolo di Cutugno come ambasciatore andava ben oltre la semplice rappresentazione in concorsi e festival. La sua musica era intrisa di temi universali – amore, perdita, gioia, tristezza – raccontati attraverso la lente unica dell'esperienza italiana. Questa universalità, abbinata alla specificità delle sue canzoni, ha permesso a fan di tutto il mondo di connettersi con lui. Sentivano la passione, l'energia e la sincerità in ogni nota e in ogni parola, anche se non comprendevano completamente la lingua.

È raro per un artista riuscire a toccare il cuore di persone di culture e background così diversi, ma Cutugno l'ha fatto con una grazia apparentemente sforzata. Ogni volta che saliva su un palcoscenico, sia esso in Italia, in Europa o altrove, portava con sé un pezzo dell'Italia. Non era solo la musica, ma l'intero ethos culturale italiano: la passione, l'amore per la vita, l'apprezzamento per la bellezza, l'importanza della famiglia e della tradizione.

Nel corso della sua illustre carriera, Toto Cutugno ha consolidato l'immagine dell'Italia come una potenza culturale e artistica di primo piano. Ma, più importante, ha mostrato al mondo che la musica italiana non è solo un prodotto per l'esportazione, ma un regalo, una celebrazione della vita, dell'amore e dell'umanità.

In Cutugno, l'Italia ha trovato non solo un ambasciatore, ma un eroe culturale, una figura che ha elevato la musica e la cultura italiane a nuove vette, rendendo il paese e il suo popolo orgogliosi del suo retaggio e delle sue conquiste. Il suo impatto sulla scena musicale globale è tangibile e duraturo, e la sua eredità come ambasciatore culturale per l'Italia rimarrà impressa per le generazioni a venire.

Nel vasto panorama musicale italiano, pochi artisti hanno avuto l'abilità e la lungimiranza di Toto Cutugno nel riconoscere e coltivare nuovi talenti. Mentre molti artisti del suo calibro potrebbero essere tentati di rimanere nelle acque sicure della loro consacrazione, Cutugno ha sempre mostrato una sorprendente apertura verso il nuovo, dimostrandosi non solo attento alle nuove tendenze, ma anche desideroso di integrarle nella sua musica.

Il suo legame con la nuova generazione di artisti non era mai unilaterale. Mentre offriva loro l'opportunità di collaborare con una leggenda della musica italiana, Cutugno era altrettanto entusiasta di apprendere da questi giovani talenti. Questa reciprocità ha dato vita a collaborazioni straordinarie, in cui l'esperienza e la maestria di Cutugno si intrecciavano con la freschezza e l'innovazione dei nuovi artisti.

Un esempio emblematico di questo spirito collaborativo è stata la sua apertura verso i nuovi generi musicali. Cutugno non ha mai avuto paura di esplorare territori inesplorati, e ciò includeva lavorare con artisti che si muovevano in generi musicali molto diversi dal suo. Questa fusione di stili ha portato a brani eccezionali, in cui il classico e il contemporaneo si incontravano, creando qualcosa di unico e memorabile.

Ma, al di là delle semplici collaborazioni musicali, c'era una dimensione più profonda in questi incontri. Cutugno vedeva in questi giovani talenti il futuro della musica italiana e sentiva la responsabilità di nutrire e sostenere la prossima generazione. Non era solo una questione di passaggio del testimone, ma di assicurarsi che la musica italiana continuasse a fiorire e a evolversi.

Era evidente che Cutugno non vedeva queste collaborazioni come un modo per rimanere rilevante o per attirare un pubblico più giovane. Al contrario, era genuinamente interessato a ciò che questi artisti avevano da offrire. Era un apprendista tanto quanto un maestro, e questo atteggiamento umile è ciò che ha reso le sue collaborazioni così autentiche e significative.

Le lezioni imparate da queste collaborazioni andavano oltre la musica. Cutugno ha spesso parlato di come questi giovani artisti gli abbiano ricordato la sua stessa giovinezza, i suoi sogni e le sue aspirazioni. Hanno rinfrescato la sua passione e riacceso la fiamma creativa che lo ha spinto per tutta la sua carriera.

Le collaborazioni di Toto Cutugno con giovani talenti non sono state solo un capitolo nella sua carriera, ma una testimonianza della sua dedizione alla musica e al futuro della tradizione musicale italiana. Con generosità, umiltà e un vero spirito di scoperta, Cutugno ha dimostrato che la vera grandezza non si trova nel guardare indietro, ma nell'abbracciare il futuro con apertura e curiosità.

La "Scuola Cutugno"

All'interno del ricco arazzo della musica italiana, l'ombra di Toto Cutugno si estende ben oltre i suoi brani e le sue performance. È emerso come un faro, illuminando la strada per una generazione di artisti che si sono ispirati alla sua maestria, alla sua passione e al suo inconfondibile stile. Questi musicisti, spesso definiti come appartenenti alla "Scuola Cutugno", rappresentano un legame tangibile con l'immensa eredità lasciata da Cutugno alla cultura musicale italiana.

Una delle caratteristiche distintive della "Scuola Cutugno" è l'importanza data all'autenticità e alla sincerità nel fare musica. Proprio come Toto ha sempre cercato di infondere ogni sua canzone con emozioni vere e genuine, i suoi discepoli musicali si sono impegnati a mantenere questo ethos, evitando di cadere nelle trappole del commerciale o del superficiale. La profondità delle loro liriche e la cura nell'arrangiamento dei loro pezzi riecheggiano l'attenzione di Cutugno ai dettagli e alla qualità.

Ma la "Scuola Cutugno" non è solo una questione di stile o di approccio. È anche una testimonianza dell'importanza delle relazioni e della mentorship nel mondo della musica. Molti dei musicisti che oggi citano Cutugno come una delle loro principali influenze hanno avuto l'opportunità di lavorare a stretto contatto con lui, assorbendo le sue tecniche e la sua saggezza. Queste interazioni hanno permesso a questi artisti emergenti di affinare le loro abilità e di comprendere meglio l'essenza della musica italiana.

Tuttavia, mentre questi artisti possono condividere una comune ammirazione per Cutugno, ciascuno ha trovato un modo unico e personale di esprimere la propria arte. Questa diversità è in effetti uno dei tratti più affascinanti della "Scuola Cutugno". Non si tratta di una serie di imitatori, ma di individui che, ispirati dal maestro, hanno trovato la propria voce nel vasto panorama musicale.

È anche importante notare che, pur essendo chiaramente influenzati da Cutugno, questi artisti non vivono nell'ombra del grande maestro. Invece, portano avanti il suo spirito innovativo, spingendo i confini della musica italiana e introducendo nuovi elementi che arricchiscono ulteriormente la tradizione. In questo modo, la "Scuola Cutugno" non è solo un omaggio al passato, ma anche un ponte verso il futuro.

La "Scuola Cutugno" rappresenta un capitolo cruciale nella storia della musica italiana, offrendo una chiara dimostrazione dell'immensa eredità di Toto Cutugno. Le sue lezioni, i suoi valori e la sua passione continuano a vivere attraverso questi artisti, assicurando che la sua influenza continui a risuonare per le generazioni a venire. In un'epoca in cui la musica è in costante evoluzione, è rassicurante sapere che ci sono artisti che mantengono vive le tradizioni, pur guardando con entusiasmo al futuro. E in questo, Toto Cutugno ha giocato un ruolo fondamentale, non solo come artista, ma come guida e ispirazione.

Nel panorama musicale italiano, Toto Cutugno ha sempre rappresentato una presenza distintiva, un artista capace di coniugare una straordinaria abilità melodica con una profondità lirica che va ben oltre la semplice canzone d'amore. Le sue liriche, infatti, spesso toccano quelle corde universali che rendono la sua musica irresistibile non solo per il pubblico italiano ma per ascoltatori in ogni angolo del globo.

L'amore, senza dubbio, è uno dei temi predominanti nella discografia di Cutugno. Ma non si tratta di un amore superficiale o banale. Cutugno esplora le molteplici sfaccettature dell'affetto, dalla passione bruciante dell'innamoramento ai dolci tormenti della nostalgia, dalle gioie della reciprocità alle pene dell'abbandono. La sua capacità di descrivere con precisione e sensibilità le dinamiche dell'animo umano ha fatto sì che molte delle sue canzoni d'amore siano diventate inni generazionali, capaci di evocare emozioni e ricordi in chiunque le ascolti.

Ma l'amore, per quanto centrale, è solo uno degli argomenti che Cutugno ha affrontato nel corso della sua luminosa carriera. La vita, nelle sue infinite sfumature, è un altro tema ricorrente. Che si tratti delle sfide quotidiane, delle gioie semplici o delle riflessioni sulla natura effimera dell'esistenza, Cutugno ha sempre saputo cogliere l'essenza dell'esperienza umana, rendendola universale attraverso la sua arte.

Le sue canzoni, inoltre, non si fermano alla superficie, ma scavano profondamente nelle complessità dell'essere umano. Trattano di sfide, di speranze, di sogni e di disillusioni. Temi come la lotta per la giustizia, la ricerca di un senso nella vita e il confronto con l'inevitabilità della morte sono stati affrontati con una maturità e una saggezza che rispecchiano la profondità del suo pensiero.

E forse è proprio questa capacità di parlare a cuore aperto, senza filtri, che ha reso la musica di Cutugno così rilevante a livello internazionale. Le sue liriche, pur profondamente radicate nella tradizione e nella cultura italiane, parlano un linguaggio universale. Una lingua che, indipendentemente dalla provenienza geografica o culturale dell'ascoltatore, riesce a toccare le corde dell'animo, a evocare emozioni e a creare un legame profondo con chi le ascolta.

L'eredità lirica di Toto Cutugno è tanto vasta quanto profonda. Ogni canzone è un piccolo capolavoro, un pezzo di vita trasformato in arte. E se la bellezza della sua musica ha conquistato intere generazioni di italiani, sono i temi universali e la sincerità delle sue parole a rendere Toto Cutugno un artista amato e apprezzato ben oltre i confini del suo paese natale.

Premi e riconoscimenti

L'impatto di Toto Cutugno sul panorama musicale italiano è indiscutibile. Un artista del suo calibro non solo ha lasciato un segno indelebile nel cuore dei suoi fan, ma ha anche guadagnato il rispetto e l'ammirazione dei suoi colleghi nell'industria musicale. Questo rispetto è stato cristallizzato attraverso i numerosi premi e riconoscimenti che ha ricevuto nel corso della sua illustre carriera.

Uno dei primi e più significativi riconoscimenti è stato la sua vittoria al Festival di Sanremo nel 1980 con "Solo noi". Questo trionfo non solo ha cementato la sua posizione come uno dei principali artisti italiani, ma ha anche segnato l'inizio di un rapporto speciale tra Cutugno e l'evento, partecipando numerose volte e lasciando ogni volta un'impronta con le sue interpretazioni uniche e coinvolgenti.

Ma Sanremo è solo la punta dell'iceberg. Nel 1990, Cutugno ha fatto onore all'Italia vincendo l'Eurovision Song Contest con "Insieme: 1992", una canzone che non solo ha celebrato l'unità europea, ma ha anche dimostrato la sua capacità di catturare l'essenza di un momento storico attraverso la sua musica. La vittoria ha rafforzato la sua reputazione non solo in Italia ma anche a livello internazionale.

Oltre a questi successi, Toto Cutugno ha ricevuto diversi premi da varie associazioni musicali italiane per le sue vendite straordinarie, riconoscendo così il suo talento e il suo impegno nell'industria musicale. La sua longevità e il suo successo costante gli hanno garantito premi come il "Telegatto" e il "Wind Music Award".

L'importanza di Cutugno nella musica italiana è stata ulteriormente sottolineata quando gli è stato conferito il Premio alla Carriera durante il Festival della Canzone Italiana, un momento emozionante che ha riconosciuto non solo i suoi singoli successi, ma l'intera traiettoria della sua carriera.

Le associazioni professionali, gli esperti del settore e i critici hanno regolarmente elogiato Cutugno per la sua maestria nella composizione e per la sua capacità di rimanere rilevante in un'industria in continua evoluzione. Questi riconoscimenti non sono solo testimonianze del suo talento, ma anche della sua capacità di adattarsi e innovare senza mai perdere la sua identità unica.

Inoltre, la sua influenza si estende oltre i confini italiani. Numerosi sono stati i riconoscimenti internazionali, segno tangibile del suo impatto sulla scena musicale globale e della sua capacità di parlare a un pubblico vasto e diversificato.

Mentre i premi e i riconoscimenti sono sicuramente una misura tangibile del successo di un artista, ciò che rende Toto Cutugno veramente speciale è la sua capacità di toccare le vite di milioni di persone attraverso la sua musica. I premi possono raccogliere la polvere, ma l'impatto emotivo e culturale delle sue canzoni rimarrà per sempre impresso nel tessuto della musica italiana e internazionale.

Toto Cutugno e il Festival di Sanremo sono una combinazione sinergica, quasi leggendaria. Questa celebrazione annuale della musica italiana, con la sua storia ricca e le sue tradizioni profonde, ha visto emergere molti artisti, ma pochi hanno lasciato un'impronta duratura come Cutugno.

La sua storia con Sanremo iniziò molto prima della sua vittoria nel 1980 con "Solo noi". Cutugno aveva già calcato il palco del Teatro Ariston in varie occasioni, dimostrando il suo talento e la sua versatilità come artista. Tuttavia, fu quella vittoria che lo catapultò nell'olimpo dei grandi della canzone italiana. "Solo noi", con la sua melodia avvincente e le sue parole toccanti, non solo gli assicurò il primo posto al festival, ma anche un posto speciale nei cuori degli italiani.

Ma il rapporto di Cutugno con Sanremo non si limitò a una singola vittoria. La sua presenza costante come partecipante, ospite e anche come conduttore nel corso degli anni ha rafforzato il suo legame con l'evento. Ogni sua apparizione era un promemoria della sua maestria, del suo carisma e della sua capacità di evolversi come artista pur rimanendo fedele alle sue radici.

Mentre Sanremo consolidava la sua posizione a livello nazionale, fu l'Eurovision Song Contest a elevare Cutugno su un palcoscenico globale. Nel 1990, rappresentò l'Italia con la canzone "Insieme: 1992", una ballata evocativa che celebrava l'unità europea in vista dell'istituzione dell'Unione Europea. La sua interpretazione appassionata e il messaggio universale della canzone lo portarono alla vittoria, segnando la seconda volta che l'Italia aveva vinto l'evento dopo la vittoria di Gigliola Cinquetti nel 1964.

La vittoria all'Eurovision non fu solo un trionfo personale per Cutugno, ma anche un momento di orgoglio per l'Italia. In un periodo in cui l'Europa stava cercando di avvicinarsi e di trovare un'identità comune, la canzone e Cutugno divennero simboli di speranza e unità.

Anche dopo l'Eurovision, Cutugno continuò a mantenere una presenza costante in entrambi gli eventi, consolidando il suo posto come uno degli artisti più rispettati e influenti nella storia della musica italiana.

In definitiva, sia attraverso Sanremo che attraverso l'Eurovision, Toto Cutugno ha mostrato la sua straordinaria capacità di collegarsi con il pubblico, di evocare emozioni e di rappresentare l'Italia con dignità, passione e talento ineguagliabile. La sua eredità in questi eventi non si limita ai premi o ai riconoscimenti, ma risiede nel cuore e nella memoria di coloro che hanno avuto il privilegio di ascoltarlo.

Il termine "evergreen" nella musica si riferisce a quelle canzoni che, indipendentemente dal passare degli anni, continuano a rimanere vive, attuali e amate dal pubblico. Toto Cutugno, con la sua prolifica carriera, ha regalato al panorama musicale italiano diversi di questi gioielli, canzoni che non solo hanno segnato un'epoca, ma che sono riuscite a superare la barriera del tempo.

Cominciando con "L'Italiano", una delle sue canzoni più iconiche, Cutugno ha tracciato un ritratto vivace e appassionato dell'italiano medio. Con il suo ritmo contagioso e le sue parole evocative, "L'Italiano" è divenuto un inno non ufficiale per gli italiani in tutto il mondo, celebrando la cultura, le passioni e l'identità nazionale. È una canzone che ha fatto cantare a squarciagola non solo gli italiani ma anche gli amanti della musica di tutto il mondo, indipendentemente dalla lingua o dall'origine.

Un altro grande successo che ha segnato la carriera di Cutugno è "Solo noi". Con una melodia dolce e parole che parlano d'amore e di intimità, questa canzone ha toccato i cuori di molti, diventando la colonna sonora di innumerevoli storie d'amore. È il tipo di canzone che, al solo sentire le prime note, riporta alla mente ricordi e sensazioni, attestando la capacità di Cutugno di catturare l'essenza universale dell'amore e dell'emozione umana.

"Le mamme", una dedica alle madri di tutto il mondo, ha mostrato un lato più delicato e riflessivo di Cutugno. Con le sue parole sincere e la sua melodia toccante, ha reso omaggio all'importanza e al sacrificio delle madri. Un brano che ha risonato profondamente con molti, indipendentemente dall'età o dal background.

Questi sono solo alcuni esempi degli evergreen di Cutugno. La sua abilità di miscelare melodie orecchiabili con liriche profonde ha assicurato che le sue canzoni non solo rimanessero popolari per anni, ma fossero anche trasmesse da una generazione all'altra. Molti genitori hanno introdotto i propri figli alla musica di Cutugno, creando un legame intergenerazionale basato sulla condivisione della stessa passione musicale.

E questo, in ultima analisi, è il vero segno di un artista senza tempo. La capacità di creare musica che non solo risuona nel momento, ma che continua a vivere e a risonare attraverso le generazioni. Toto Cutugno ha questo dono in abbondanza, e la sua eredità musicale, fatta di evergreen e di momenti indimenticabili, continuerà a risplendere brillantemente nella storia della musica italiana.

È davvero raro che un artista riesca a mantenere la propria rilevanza attraverso il trascorrere dei decenni, specialmente in un'industria musicale in continuo cambiamento come quella italiana. Toto Cutugno, tuttavia, è uno di quegli artisti eccezionali che non solo ha raggiunto la vetta, ma ha anche resistito alla prova del tempo, con il suo lavoro che continua a risonare nelle orecchie e nei cuori delle persone.

Le stazioni radio, dalle grandi città fino ai piccoli paesi nascosti tra le montagne italiane, spesso risuonano delle sue melodie classiche. Molti professori di musica citano le sue canzoni come esempi durante le lezioni, sottolineando l'artigianalità e la profondità delle sue liriche. Le nuove generazioni, grazie ai loro genitori o ai loro nonni, spesso vengono introdotte alla magia di Cutugno, scoprendo un universo musicale che parla di amore, passione e identità nazionale.

L'immortale "L'Italiano", per citare solo un esempio, è divenuto più di una canzone: è un simbolo, un pezzo della tessitura culturale dell'Italia. Che si tratti di un vecchio giradischi in una soffitta o di una playlist digitale curata da un adolescente, la presenza di Cutugno è tangibile, una dimostrazione che la sua musica ha superato i confini generazionali.

Ed è proprio in questi momenti che si realizza la vera grandezza di Cutugno come artista. Non è solo una voce melodiosa o un compositore talentuoso; è un narratore di storie, un poeta del quotidiano, che ha saputo catturare l'essenza della vita italiana in modo così autentico da renderla universale. Le sue canzoni sono diventate dei racconti, dei ricordi, dei momenti congelati nel tempo, e continuano a vivere in ogni nota cantata o suonata.

Guardando al futuro, non c'è dubbio che l'eredità di Cutugno continuerà a prosperare. Gli artisti emergenti vedono in lui un faro, una guida, ispirandosi alla sua carriera e aspirando a raggiungere anche solo una parte del successo e dell'ammirazione che lui ha guadagnato. La musica, come spesso si dice, è eterna, e se c'è un artista che incarna questa eternità nel panorama musicale italiano, quel nome è, senza dubbio, Toto Cutugno.

Gli Ultimi Progetti

La vitalità artistica di Toto Cutugno ha resistito alla prova del tempo. Quando molti avrebbero potuto scegliere di ritirarsi e godersi i frutti di una carriera ricca e prolifica, Cutugno ha invece continuato a riversare il suo cuore e la sua anima nella musica, mantenendo una presenza attiva e vibrante nella scena musicale italiana.

Negli anni che hanno preceduto la sua scomparsa, Cutugno ha intrapreso una serie di progetti che hanno rivelato una profonda introspezione, riflettendo forse sulla sua vita, sul tempo che passa e sull'importanza di lasciare un segno indelebile. Ciò non significa che la sua musica fosse diventata malinconica o pesante; al contrario, la sua capacità di mescolare riflessione profonda con melodie accattivanti è rimasta inalterata.

Uno degli album che ha prodotto in questo periodo, "Il tempo e di più", è un perfetto esempio di come abbia saputo coniugare esperienza e innovazione. Le tracce di questo album raccontano storie di vita, amore, speranza e persino nostalgia, ma sempre con quell'inconfondibile tocco di Cutugno: una melodia coinvolgente e parole che toccano l'anima.

Oltre agli album e ai singoli, Cutugno ha continuato a esibirsi in concerti e tour, dove il suo carisma e la sua energia erano palpabili. A prescindere dai capelli che diventavano più grigi o dalle rughe che segnavano il suo viso, sul palco, Cutugno era eterno. La sua voce, profonda e calda, riecheggiava nei teatri, nelle arene e nelle piazze, riunendo persone di tutte le età.

La sua dedizione alla musica è stata parallela alla sua dedizione al pubblico. Nei suoi ultimi progetti, si è spesso preso il tempo di interagire con i suoi fan, partecipando a sessioni di autografi e interviste, dimostrando la sua gratitudine per anni di supporto incondizionato.

Nel mondo della musica, è raro trovare artisti che, nonostante il peso degli anni e le inevitabili sfide che la vita presenta, mantengano una passione ardente per l'arte e il pubblico. Cutugno era uno di questi rari tesori. La sua determinazione a continuare a creare, a esprimersi e a condividere il suo talento fino alla fine è un testamento della sua grandezza e del suo amore per la musica e per coloro che l'ascoltano. E mentre gli ultimi progetti di Cutugno servono come finale di una carriera leggendaria, essi rimangono anche come un promemoria dell'immutabile spirito di un artista che ha dato tutto fino all'ultimo respiro.

Collaborazioni Memorabili

Toto Cutugno non è mai stato un artista da isolarsi nella torre d'avorio del suo successo; piuttosto, ha scelto di immergersi nella costante evoluzione del paesaggio musicale. Questa apertura ha reso possibile una serie di collaborazioni che hanno arricchito la sua carriera e quella degli artisti con cui ha scelto di lavorare.

Fin dai suoi primi giorni nel mondo della musica, Cutugno ha avuto un talento particolare nel creare sinergie con altri artisti. Questo talento non ha fatto altro che fiorire nei suoi ultimi anni. La sua decisione di collaborare con artisti più giovani non era una semplice manovra per rimanere "alla moda", ma piuttosto un autentico desiderio di capire e celebrare la direzione in cui la musica italiana si stava sviluppando.

Tra le collaborazioni più notevoli degli ultimi anni, c'è quella con il giovane cantautore Michele Bravi. L'interazione tra la maturità e l'esperienza di Cutugno e la freschezza e la novità di Bravi ha portato a una fusione musicale che ha mostrato il meglio di entrambi gli artisti. Le loro voci, apparentemente così diverse, hanno trovato una sorprendente armonia, dimostrando che la musica è un linguaggio universale che può superare ogni barriera.

Un'altra collaborazione degna di nota è stata con l'artista pop Gianna Nannini. Sebbene Nannini non sia una nuova entrata nel mondo della musica, la combinazione delle loro voci e stili ha portato a qualcosa di completamente nuovo, dimostrando che anche gli artisti affermati possono reinventarsi attraverso la collaborazione.

E non si può dimenticare la sua performance con la band emergente Lo Stato Sociale al Festival di Sanremo. Questa esibizione ha mostrato un Cutugno giocoso e moderno, pronto ad abbracciare nuovi stili e a integrarsi in una realtà musicale in continua evoluzione.

Queste collaborazioni, e molte altre, sono servite a diversi scopi. Per Cutugno, erano un modo per sperimentare, per crescere come artista e per connettersi con nuovi pubblici. Per gli artisti più giovani, lavorare con una leggenda come Cutugno era un'opportunità per apprendere e assorbire la saggezza di decenni di esperienza nel settore.

E per gli ascoltatori? Queste collaborazioni erano un dono. La possibilità di ascoltare e apprezzare la fusione di stili e generazioni diverse in un'unica canzone o performance era un vero piacere. Queste collaborazioni hanno dimostrato che Cutugno, nonostante la sua longevità nel settore, era un artista senza tempo, sempre pronto ad adattarsi, imparare e, soprattutto, a condividere. E in questo condividere, ha lasciato un'impronta indimenticabile non solo sulla musica italiana, ma anche sui cuori di chi ha avuto la fortuna di ascoltarlo.

Il palcoscenico era sempre stato per Toto Cutugno molto più di un semplice spazio in cui esibirsi: era il luogo in cui si connetteva profondamente con il suo pubblico, trasformando ogni nota in un ponte tra il suo cuore e quello dei suoi fan. Gli ultimi concerti e tour di Cutugno sono stati un microcosmo di questa connessione, una celebrazione di una vita dedicata all'arte, alla passione e alla dedizione.

Nel suo penultimo tour, "Ricordi e Passione", Cutugno ha offerto un viaggio nostalgico attraverso i suoi più grandi successi. Ma, a differenza di molti artisti che possono cadere nella trappola di trasformare una simile impresa in un semplice esercizio di memoria, Toto ha respirato nuova vita in ogni canzone. Era come se le stesse melodie e parole avessero guadagnato una profondità aggiunta, arricchite dall'esperienza e dalla saggezza accumulata nel corso degli anni.

Il concerto tenuto al Teatro Ariston di Sanremo è stato particolarmente emblematico. Cutugno, tornando sul palcoscenico che per anni aveva ospitato il prestigioso Festival di Sanremo, ha dato una performance che ha fatto vibrare le corde dell'anima. Nonostante l'età e i naturali segni del tempo, la sua voce manteneva quella calda tonalità, familiare e rassicurante, e la sua presenza scenica era magnetica come sempre.

Ma ciò che ha colpito di più era l'energia. Con l'orchestra dietro di lui, Cutugno ha ballato, ha scherzato e ha cantato con una verve che avrebbe potuto invidiare un artista al debutto. E il pubblico ha risposto in kind. Ogni canzone era accompagnata da un coro di voci, con fan di tutte le età che cantavano a squarciagola, dimostrando la capacità delle sue canzoni di attraversare generazioni.

Il suo ultimo tour, poi, "Grazie Italia", ha seguito una traiettoria simile, ma con un sentimento di addio più palpabile. Cutugno sembrava voler ringraziare ogni singolo fan per il sostegno e l'affetto dimostrato nel corso degli anni. E non c'era città, piccola o grande, che non volesse visitare, quasi come un pellegrinaggio di gratitudine.

Il culmine emotivo di questo tour è stato, senza dubbio, il concerto finale a Roma. Con l'iconico Colosseo come sfondo, Cutugno ha dato tutto ciò che aveva, e forse anche di più. Il bis dopo bis, la standing ovation e le lacrime versate quella sera hanno testimoniato l'indimenticabile impatto di un artista che ha sempre messo il cuore in ogni nota.

Questi ultimi momenti sul palcoscenico non sono stati solo un'occasione per Cutugno di salutare il suo pubblico, ma anche per il pubblico di onorare un artista che, con la sua musica, aveva segnato così profondamente le loro vite. E in quei momenti di commozione condivisa, l'essenza stessa della carriera di Toto Cutugno brillava luminosa: una vita di connessione, passione e musica senza tempo.

Reazioni Immediate alla Sua Scomparsa

Il 22 agosto 2023, in una stanza silenziosa dell'ospedale San Raffaele di Milano, si spegneva una luce che aveva brillato intensamente nel firmamento musicale italiano per quasi sei decenni. Toto Cutugno, il cantautore che aveva incantato generazioni con la sua voce calda e le sue melodie indimenticabili, ci lasciava a causa di una lunga malattia che aveva combattuto con la stessa determinazione e passione che aveva sempre messo nella sua musica.

La notizia della sua scomparsa, come un freddo vento d'autunno, ha attraversato l'Italia, lasciando dietro di sé un senso di vuoto e incredulità. In ogni angolo del Paese, dalle caffetterie di Torino alle piazze di Palermo, si avvertiva un palpabile senso di lutto. Era come se l'Italia avesse perso una parte del suo cuore; una voce che aveva cantato le sue gioie, le sue speranze e le sue malinconie.

Nei giorni successivi, le stazioni radio trasmettevano ininterrottamente le sue canzoni, con i DJ che, tra una traccia e l'altra, condivano aneddoti e ricordi legati a Cutugno, creando un filo invisibile di condivisione e memoria tra chi ascoltava. Le televisioni, d'altro canto, proponevano interviste passate, momenti iconici e speciali in onore del cantautore, evidenziando la profondità del suo impato sulla cultura musicale italiana.

La reazione non si limitava ai confini italiani. Da Parigi a Los Angeles, da Tokyo a Buenos Aires, molti si unirono al cordoglio, dimostrando quanto la sua musica avesse varcato frontiere e unito culture diverse. Artisti internazionali, alcuni dei quali avevano avuto l'opportunità di lavorare con lui o di condividere palchi in eventi globali, esprimevano la loro tristezza e rendevano omaggio a Cutugno attraverso i social media e le interviste.

Ma, oltre alla tristezza, c'era un profondo senso di gratitudine. Le persone condividevano storie di come le canzoni di Cutugno avessero segnato momenti significativi delle loro vite: matrimoni, nascite, riunioni di famiglia e persino momenti di difficoltà. Era come se, attraverso la sua musica, avesse creato un legame indissolubile con milioni di persone.

Il 24 agosto 2023, le campane della Basilica Parrocchia dei Santi Nereo e Achilleo in viale Argonne a Milano suonavano tristemente in onore di Cutugno. Una folla immensa, composta non solo da parenti e amici, ma anche da fan di tutte le età, si radunava per rendere omaggio a un artista che aveva toccato così profondamente le loro anime. Fiori, lettere e messaggi erano sparsi dappertutto, un mare di affetto e ricordo.

In quella basilica, con la sua musica che riecheggiava dolcemente, si celebrava non solo la fine di una vita, ma l'immortalità di un'eredità. Perché, mentre il fisico di Toto Cutugno aveva lasciato questo mondo, il suo spirito e la sua musica sarebbero rimasti per sempre nei cuori di chi l'aveva amato.

Nel panorama musicale, esistono pochi artisti che possiedono un talento così unico e inconfondibile da influenzare generazioni di musicisti. Toto Cutugno, con il suo stile ineguagliabile e la sua capacità di catturare l'essenza dell'esperienza umana nelle sue canzoni, è indubbiamente uno di questi giganti. Dopo la sua scomparsa, il mondo della musica si è fermato un attimo per riflettere sull'immensa eredità che aveva lasciato, e molti artisti, influenzati dalla sua opera, hanno sentito il bisogno di esprimere la loro ammirazione e gratitudine attraverso vari tributi musicali.

Era palpabile l'onda di nostalgia e rispetto che attraversava l'industria musicale. Diverse stelle della musica italiana, alcune delle quali avevano avuto la fortuna di collaborare con Cutugno, hanno iniziato a pubblicare cover delle sue canzoni più iconiche. Queste reinterpretazioni erano ricche di emozione: ogni nota, ogni parola cantata, era un omaggio al maestro, un tentativo di avvicinarsi, anche solo per un momento, alla magia che Cutugno aveva creato.

Concerti e manifestazioni in suo onore sono stati organizzati in tutta Italia. Alcuni di questi eventi vedevano la partecipazione di intere orchestre, cori e una schiera di artisti, tutti uniti per celebrare la musica e la vita di Toto. Era commovente vedere come canzoni scritte decenni prima risonassero con tanta forza e rilevanza, dimostrando la timeless quality delle opere di Cutugno.

Ma non erano solo le vecchie guardie della musica italiana a rendere omaggio. Anche giovani artisti emergenti, molti dei quali non erano nemmeno nati quando Cutugno aveva ottenuto i suoi primi successi, hanno dimostrato il profondo impatto che la sua musica ha avuto su di loro. Nuovi brani ispirati a lui sono stati scritti e pubblicati: canzoni che, pur avendo una sonorità moderna, portavano l'inconfondibile eco delle melodie e dei testi di Cutugno.

Al di là dei confini italiani, artisti internazionali hanno espresso la loro ammirazione per Cutugno attraverso varie iniziative. In alcune delle principali capitali musicali del mondo, da Nashville a Rio de Janeiro, tributi speciali sono stati organizzati in suo onore, dimostrando ancora una volta l'ampiezza e la profondità del suo impatto globale.

La forza di questi tributi non risiedeva solo nelle note o nelle parole, ma nell'emozione che traspariva. Ogni artista, nel suo modo unico, cercava di catturare un pezzo di quella magia che Cutugno aveva donato al mondo. Era come se la sua essenza fosse ancora viva, vibrante nelle corde di una chitarra, nelle tastiere di un pianoforte o nella voce di un cantante.

In questo mare di omaggi e tributi, una cosa era chiara: anche se Toto Cutugno non era più fisicamente presente tra noi, il suo spirito e la sua influenza avrebbero continuato a vivere, ispirando e toccando il cuore delle persone per molti anni a venire.

Il richiamo melodico delle canzoni di Toto Cutugno era universale, unendo cuori e menti di diversi ambiti della società. La sua influenza si estese ben oltre il palcoscenico musicale, toccando le vite di molte personalità in vari campi, e questo fu particolarmente evidente nelle reazioni alla sua scomparsa.

Gli attori, ad esempio, erano tra i primi a manifestare il loro cordoglio. Molti ricordavano come le canzoni di Cutugno fossero state la colonna sonora di alcuni momenti fondamentali delle loro carriere, o come avessero tratto ispirazione dalla profondità emotiva delle sue parole per le proprie interpretazioni. Attrici e attori di primo piano, come Monica Bellucci, avevano condiviso nei media come alcune delle canzoni di Toto avessero accompagnato i momenti salienti delle loro vite, sia sul set che nella vita privata.

I registi cinematografici italiani, come Paolo Sorrentino, avevano fatto eco a questi sentimenti, sottolineando come la musica di Cutugno avesse, in diverse occasioni, fornito l'atmosfera perfetta per alcune scene iconiche del cinema italiano. La sua capacità di catturare l'essenza dell'esperienza umana si rifletteva non solo nelle note, ma anche nei fotogrammi dei film.

Ma l'eco della sua scomparsa non si limitò al mondo dello spettacolo. Personalità politiche, sia italiane che internazionali, espressero il loro affetto e la loro ammirazione per l'artista. Molti leader politici italiani, tra cui l'ex Presidente della Repubblica Sergio Mattarella, sottolinearono come Cutugno fosse stato un simbolo di unità per il Paese, capace di andare oltre le differenze politiche e sociali attraverso la sua musica. A livello internazionale, personalità come il Segretario Generale dell'ONU e leader di diversi Paesi europei riconobbero l'importanza della sua musica come ponte culturale e simbolo di pace.

Anche nel mondo dello sport, molti atleti e allenatori espressero il loro cordoglio. Giocatori di calcio della Serie A, così come campioni olimpici, ricordarono come le canzoni di Cutugno fossero spesso suonate negli spogliatoi o durante i riscaldamenti, infondendo energia e passione prima di una partita o di una gara.

Era evidente che Toto Cutugno non era solo un musicista, ma un'icona culturale, un simbolo di ciò che era bello e autentico nella cultura italiana. Il fatto che personalità di spicco da settori così diversi si fossero unite nel ricordo e nell'omaggio a questo grande artista dimostrava quanto fosse stata ampia e profonda la sua influenza.

In un mondo spesso diviso da differenze e incomprensioni, la musica di Toto Cutugno aveva la straordinaria capacità di unire le persone. E questa era forse la più grande testimonianza del suo genio e della sua eredità.

Adriano Celentano, nelle sue reti sociali ha espresso i suoi sentimenti cosí:

Ciao Toto!

...ricordo che eravamo in macchina... una cinquecento credo, e tu insistevi perché io incidessi "L'italiano".

Una superbomba appena ultimata la notte prima che ci vedessimo.

"Non ho dormito tutta la notte" -mi dicesti- "pensando al successo che faremo, tu come interprete, e io come autore",

il brano era davvero FORTE!!! Ma ciò che più di tutto mi frenava era proprio la frase piu' importante: "IO SONO UN ITALIANO VERO".

Una frase oltretutto insostituibile, in quanto è proprio su questa che si regge l'intera impalcatura di quella grande opera.

E io sentirmi pronunciare: "SONO UN ITALIANO VERO" mi sembrava di volermi innalzare.

Lui non credeva alle sue orecchie: "ma non capisci che è proprio questo il punto, io l'ho scritta pensando a te, perché tu sei davvero un italiano vero."

"Si lo so"-gli dissi io-"però non mi va di dirlo io…".

Non sempre ma a volte la troppo scrupolosità si può trasformare in una cazzata mondiale. Però nonostante tu l'abbia cantata come l'avrei cantata io, oggi, se la dovessi ricantare la canterei esattamente come l'hai cantata tu!

Eri e rimarrai, un grande indimenticabile!

Ti voglio bene.

Adriano

Il mondo della musica è vasto, complesso e in continua evoluzione. Eppure, di tanto in tanto, emergono artisti che riescono a resistere alle prove del tempo, a superare le mode e a lasciare un segno indelebile nella storia. Toto Cutugno è stato uno di questi.

Fin dai primi anni della sua carriera, Cutugno ha dimostrato una versatilità e una profondità artistica notevoli. Le sue canzoni, spesso impregnate di una malinconia dolce e di una nostalgia penetrante, hanno catturato l'essenza dell'esperienza italiana. Ma ciò che rendeva unica la sua musica non era solo la sua capacità di rappresentare il sentimento collettivo, ma anche la sua abilità nel farlo con una sincerità e un'autenticità che trasparivano in ogni nota.

I critici musicali, negli anni, avevano lodato Cutugno per la sua capacità di fondere elementi tradizionali della musica italiana con influenze internazionali. Questo mix ha reso le sue canzoni accessibili a un pubblico globale, pur mantenendo una distintiva "italianità". Era un artista che sapeva come parlare al cuore, indipendentemente dalle barriere linguistiche o culturali.

Molti storici della musica sottolineano come Cutugno sia riuscito a catturare l'evoluzione della società italiana attraverso le sue canzoni. Dal boom economico degli anni '60 alla complessa realtà politica e sociale degli anni '70 e '80, le sue canzoni non erano solo un commento, ma spesso un riflesso fedele delle speranze, delle paure e dei desideri del popolo italiano.

Allo stesso tempo, la carriera di Cutugno non è stata esente da sfide. Come ogni artista, ha affrontato momenti di dubbi e revisioni critiche, ma ha sempre dimostrato una resilienza e una determinazione ammirevoli. Questo aspetto della sua personalità ha spesso ispirato giovani artisti e musicisti, mostrando che la dedizione alla propria arte può superare qualsiasi ostacolo.

Rivedendo la sua discografia, è evidente come Cutugno abbia sperimentato con vari stili e generi. Dal pop alla ballata, dal folk al rock, la sua versatilità era innegabile. Eppure, al centro di tutto c'era sempre la sua voce distintiva - calda, profonda e incredibilmente espressiva.

Ma al di là della sua voce e delle sue melodie, ciò che rendeva Cutugno veramente speciale erano le sue parole. I suoi testi erano poesie, racconti in miniatura che offrivano uno sguardo profondo sulla condizione umana. Parole che parlavano di amore, perdita, gioia, dolore e, soprattutto, di speranza.

Con la sua scomparsa, è naturale riflettere sulla grandezza della sua carriera e sulla vastità del suo contributo al mondo della musica. Ma più che le vendite di dischi o i premi vinti, la vera eredità di Toto Cutugno risiede nel modo in cui ha toccato le vite delle persone. Le sue canzoni vivranno per sempre, unendoci nel ricordo di un artista che ha saputo esprimere, come pochi altri, l'anima di una nazione.

I luoghi in cui un artista cresce, si forma e vive, sono spesso l'eco delle sue melodie, delle sue parole e della sua anima. Per Toto Cutugno, alcuni di questi luoghi erano più di semplici geografie: erano tessere del mosaico della sua esistenza.

Iniziamo da Fosdinovo, la città natale di Cutugno. Situata nella provincia di Massa e Carrara, Fosdinovo è un piccolo borgo che si erge su una collina, dominando la valle circostante. Con le sue strade acciottolate, le sue piazze ombreggiate e il castello malaspiniano che vigila dall'alto, è il tipico paese toscano che sembra uscito da una cartolina. Qui, tra queste strade e sotto questi cieli, un giovane Cutugno ha iniziato a sognare, a scrivere e a cantare. La sua assenza in questo luogo si sente come un vuoto palpabile. Dopo la sua scomparsa, la piazza principale di Fosdinovo è diventata un luogo di raccolta spontanea, con fiori, candele e messaggi d'amore dedicati all'artista.

Poi c'è Sanremo, la città del Festival, l'evento che ha segnato in modo indelebile la carriera di Cutugno. Ogni angolo del Teatro Ariston porta con sé un ricordo di Cutugno. Qui, ha cantato alcune delle sue canzoni più iconiche, ha ritirato premi e ha conquistato il cuore degli italiani. Sanremo e Cutugno sono diventati sinonimi nel tempo. La sua assenza al Festival si è fatta sentire come una sottile melodia di tristezza, un vuoto che ricorda quanto fosse amato e rispettato nel mondo della musica italiana. Le strade di Sanremo, i caffè lungo la passeggiata e le piazze affollate di fan hanno reso omaggio a questo grande artista, commemorando la sua vita e la sua arte attraverso mostre fotografiche, ascolti collettivi delle sue canzoni e momenti di silenzio rispettoso.

Ma al di là di questi luoghi simbolici, ci sono anche quelli meno noti, ma altrettanto significativi. Gli studi di registrazione in cui Cutugno ha trascorso ore a perfezionare la sua musica, i caffè in cui ha scritto alcuni dei suoi testi più belli, le strade di Milano dove ha camminato pensieroso e i luoghi di vacanza in cui ha trovato ispirazione e tranquillità. Ogni luogo ha una storia, un ricordo, un'eco della sua presenza.

La bellezza di questi luoghi è stata, in qualche modo, amplificata dalla presenza di Cutugno. E anche se ora si avverte un senso di mancanza, c'è anche una riconoscenza profonda. Perché questi luoghi sono diventati sacri per molti dei suoi fan, dei suoi amici e della sua famiglia. Sono diventati santuari di ricordi, luoghi dove la sua musica continua a risuonare, dove le sue parole vivono e dove l'eredità di Toto Cutugno rimane eterna.

Ogni tanto, emerge un artista che, attraverso la sua arte, modella il tessuto stesso della cultura popolare di una nazione. Toto Cutugno è stato uno di questi artisti per l'Italia. Oltre alla sua indiscutibile importanza nel panorama musicale, la sua presenza ha permeato diversi settori della cultura popolare italiana, consolidando la sua posizione come uno dei pilastri artistici del Paese.

La magia di Cutugno risiedeva in gran parte nella sua capacità di scrivere testi universali che, pur essendo profondamente personali, erano al contempo incredibilmente risonanti per una vasta gamma di ascoltatori. Queste parole hanno trovato eco non solo nelle orecchie dei suoi fan, ma anche in quelle di registi, scrittori e drammatisti che hanno intrecciato le sue canzoni nelle trame dei loro lavori.

Nel mondo del cinema italiano, ad esempio, non è raro trovare scene iconiche in cui le melodie di Cutugno fanno da sfondo, aggiungendo un ulteriore strato emotivo alle sequenze. I suoi testi sono stati citati, a volte in modo evidente, altre in maniera più sottile, ma sempre con un effetto profondo sul pubblico. La sua musica ha la capacità di evocare una miriade di emozioni, dal dolore alla gioia, dal rimpianto all'euforia, e i cineasti hanno spesso sfruttato questa qualità per amplificare l'atmosfera delle loro scene.

Anche la letteratura non è rimasta immune al fascino di Cutugno. In alcuni romanzi contemporanei, è possibile trovare riferimenti ai suoi brani, utilizzati come metafore o semplici citazioni che arricchiscono la narrazione. Gli scrittori spesso si sono avvalsi delle sue parole per esprimere sentimenti e situazioni che altrimenti sarebbero stati difficili da catturare con la stessa intensità.

Il teatro, con la sua immediata interazione con il pubblico, ha trovato in Cutugno una risorsa preziosa. Molti spettacoli hanno incorporato le sue canzoni come parte integrante della produzione, trasformando le sue melodie in interludi musicali o momenti chiave per la progressione della trama.

Ma l'importanza di Cutugno nella cultura popolare non si ferma alla sua musica. Il suo stile, la sua personalità e il suo carisma hanno influenzato generazioni di giovani artisti e appassionati. La sua capacità di connettersi con il pubblico, di essere autentico e di rimanere umile nonostante il suo enorme successo, è diventata un modello da seguire.

L'eccezionale eredità di Toto Cutugno nella cultura popolare italiana va ben oltre le note delle sue canzoni. Il suo spirito, la sua passione e la sua arte sono diventati parte integrante dell'identità culturale italiana. E mentre il tempo potrebbe avanzare e la cultura evolvere, la presenza di Cutugno rimarrà indelebile, un faro che continua a illuminare e ispirare.

Il Futuro della Sua Musica

L'arte è eterna, esiste al di là del tempo e dello spazio, e ciò che la rende davvero immortale è la capacità di toccare e influenzare le generazioni future. La musica di Toto Cutugno, con le sue melodie indimenticabili e testi penetranti, si è già garantita un posto nel pantheon della storia musicale italiana. Ma ciò che è veramente straordinario è l'orizzonte che si prospetta per la sua eredità.

Le nuove generazioni, in un'epoca dominata dalla tecnologia e da un flusso costante di contenuti, potrebbero sembrare sempre più distanti dalla musica del passato. Eppure, stranamente, proprio in questo ambiente saturo, le opere di Cutugno brillano con una luce particolare. I giovani artisti, nel cercare ispirazione, si rivolgono spesso al passato per trovare quella genuinità e profondità che, talvolta, sembra mancare nella musica contemporanea. E qui, nelle melodie di Cutugno, trovano una fonte inesauribile di ispirazione.

Le scuole di musica, i conservatori e gli istituti culturali continuano a includere le sue canzoni nei loro programmi di studio. Gli studenti apprendono la sua tecnica, analizzano la struttura dei suoi brani e, soprattutto, cercano di catturare l'essenza emotiva che permea ogni nota. Questa dedizione all'arte di Cutugno non è solo un tributo al suo genio, ma anche un segno che la sua musica ha qualcosa di universale, qualcosa che risuona in ogni cuore e anima, indipendentemente dall'età o dal background.

E non si tratta solo di studiare la sua musica. La creatività è, per sua natura, ciclica. Gli artisti di oggi, ispirati da

Cutugno, daranno vita a nuove opere che, pur essendo fresche e innovative, porteranno con sé l'eco delle sue melodie, perpetuando la sua influenza. Cover, reinterpretazioni, omaggi: la sua musica si rinnoverà continuamente, prendendo forme diverse ma conservando sempre il suo cuore pulsante.

Concerti tributo, album dedicati e festival celebreranno la sua arte, attirando sia chi è cresciuto con le sue canzoni sia chi le sta scoprendo solo ora. In questo modo, la sua musica non sarà solo un monumento al passato, ma una forza vivente, in continua evoluzione.

In un mondo in rapido cambiamento, ci sono poche certezze. Tuttavia, una cosa è chiara: la musica di Toto Cutugno continuerà a vivere, ad ispirare e a toccare le anime di chiunque l'ascolti. E come le onde che continuano a infrangersi sulla costa, ogni nota, ogni parola, ogni melodia ricreata manterrà viva la sua presenza, assicurando che Toto Cutugno, il maestro, il poeta, l'icona, rimanga una costante luminosa nel vasto universo musicale.

E così, la leggenda continua...

www.ingramcontent.com/pod-product-compliance
Lightning Source LLC
Chambersburg PA
CBHW070115010626
45794CB00013B/1575